勝者の3級日商簿記!

本試験を徹底分析した予想模試

滝澤ななみ 著

本書は、『スゴい!だけじゃない!! 日商簿記3級 徹底分析!予想模試(マイナビ出版刊)』について、書名を変え、最新の試験範囲に対応するように改訂し、刊行したものです。

はじめに

■本書の役割

本書は「勝者の日商簿記３級 テキスト&問題集」を利用して簿記の学習をした方が、総合問題を通じて解き方を身につけるための本です。

すでにみなさんはテキスト＆問題集で学習をしており簿記の知識は持っていますが、その知識を答案用紙に反映できるかどうかは別の問題です。

野球で例えると、バットの振り方を知っていることと、そのバットでボールを打てるかどうかは別の問題ということです。

どのタイミングでバットを振るのか、どのような振り方だとボールが飛ぶかなど、実際に練習してみないと自分の実力を判断することはできません。簿記もまったく同じで、実際に解くことにより自分の知識の定着度、解くためのスピード、数値を集計するテクニックなどを学ぶことができます。

本書では、そういったインプットした知識を、いかにして上手にアウトプットするかを学びます。

■問題を解くことの意味

よくこういった質問を受けることがあります。

●合格するためには何時間勉強すればいいでしょうか？
●総合問題は何回ぐらい解けばいいでしょうか？

正直に言いますと、「わからない」が答えです。
基礎的な知識や学習しているときの集中力など人によって違いますので、明確な回答はありません。
また、総合問題を10回解いて不合格となった方もいれば、３回程度解いて合格した方も大勢います。

ただ、これだけは断言できます。それは、次の２点が試験に合格するための重要な要素であり、これこそが合格への近道ということです。

●本番を意識した解き方をしているか？
●間違った部分について、自分なりに分析し、
　同じ間違いを繰り返さないよう考えながら勉強しているか？

試験に合格するためには、制限時間内に70点とる必要があります。したがって、できる限り本番と同じような条件で問題演習をする必要があります。
例えば、本試験の問題用紙はＡ４の大きさですが、そのサイズの問題用紙に慣れることも必要です。また、問題用紙のスキマ部分に計算過程や目印を記入するなど、どのように工夫すればより効率的に問題が解けるか学ぶこともできます。
次に、総合問題３問のうち、どの順番で解くのが一番効率的なのかの見極めは戦略上、非常に重要です。簡単な問題から解くのが王道ですが、その見極めこそ事前に準備しておかないとできません。
また、総合問題を解く問題の分量ですが、本書では出題可能性が高い内容を８回分収載しています。
知識をインプットし、その知識を答案用紙に反映させるアウトプットは、繰り返し解くことで知識を「濃く」することができます。
しかし、試験直前になると誰でも焦ってきます。その結果、ネットでの情報などに振り回され、いろいろな教材に手を出した結果、自分の苦手分野を復習する時間を確保できなくなる。つまり直前に「薄めてしまう」勉強をする方も多数見受けられます。
直前こそ、自分ができる範囲の問題を解き、できなかった箇所につき、なぜ間違ったか、どうすれば間違わないよう解けるのかを意識することが必要です。そして、その知識を忘れないよう反復して復習する必要があります。

本書は８回分の問題を収載しています。８回分解くことで、本試験で出題される頻出論点はほぼカバーできます。８回で不安な方は、まず本書の問題ですべて満点をめざしてください。そして、すべて満点を取ることができたら、次の新しい問題を解けばいいのです。便利な時代になり、無料で総合問題を公開しているサイトもありますので、問題に困ることはありません。

実際、一日のすべての時間を簿記の学習に費やせる方はごく少数で、ほとんどの方は、学校での勉強、仕事、自宅の家事などがあり、簿記の学習の時間の確保が難しいと思います。そういった大多数の方々のために、最小限で効率的、かつ効果的な教材を制作しました。

簿記という学問は慣れるまでに時間がかかりますが、できるようになると非常に楽しい学問です。また、社会人として会計の知識は不可欠ですので、みなさんにはぜひ簿記を楽しく学び合格できることを心より願っております。

ホームページ
「滝澤ななみのすすめ!」
ネット試験対応の練習問題も
掲載しています。

https://takizawananami-susume.jp

ナビゲーターの
つくねちゃん

本書の効果的な使い方

STEP.1 計画を立てる

- 本試験の日程から逆算し、学習計画を立てましょう。
- 理想としては問題を３回転できるような計画にしましょう。
- 問題を解くだけではなく、間違った内容を復習できる時間を作りましょう。
- 確保できる時間が少ない場合は解く問題を少なくし、できなかった箇所を復習する時間を優先的に確保しましょう。

↓

STEP.2 総合問題を解く

- 時間を計り、本番と同じように問題を解きましょう。
- 時間終了後、採点して自分のできなかった箇所を分析しましょう。
- 知識不足で間違った場合は、テキストに戻り内容を確認しましょう。
- 知識はあるけど間違った場合、間違いノートを作成し、「なぜ間違ったのか」、「どのように解けばよかったのか」を分析して記入しましょう。

↓

STEP.3 間違った箇所の確認

- STEP.２と同様、時間を計り、本番と同じように問題を解きましょう。
- 前回、知識不足でできなかった箇所が解けたかどうか確認しましょう。
- 間違いノートに記入した部分ができたかどうか確認しましょう。

↓

STEP.4 ネット試験対策

ネット試験ではパソコン上で解答するので、パソコンを使って解く練習をしておく必要があります。本書の予想問題はネット試験対策として、読者特典特設サイト上で本書に収載されている全８回分の問題がすべて解けます。ネット試験を受験する方は必ず練習しましょう。

目　次　　CONTENTS

読者特典Webサービス（2026年３月末まで利用可）

<コンテンツ>

・答案用紙ダウンロードサービス

・模擬試験プログラム（本試験と同様の環境でネット試験を体験できます）

<アクセス方法>

「TAC出版」のホームページ内、「解答用紙ダウンロードサービス」、「書籍連動ダウンロードページ」へアクセス

https://bookstore.tac-school.co.jp/

統一試験とネット試験とは

① 統一試験とネット試験

従来の日商簿記検定は、年３回のペーパーによる試験のみでしたが、2021年度より、年３回の統一試験（ペーパーによる試験）に加え、テストセンターが定める日時で随時受験できるネット試験（パソコンによる試験）も導入されました。

② 難易度や合格の価値などはどちらも同じ！

試験形式（出題形式および解答方法）が異なるだけで、試験時間や問題の難易度および分量、合格の価値などは同じです。

③ 統一試験では…

統一試験は、６月、11月、２月の年３回実施され、受験を希望する商工会議所に申込みをします。申込み後、受験料を支払うと、受験票が送付等されます。

試験日には、申込みをした商工会議所が定める会場で受験します。問題用紙、答案用紙、計算用紙が配布され、試験終了後はすべて回収されます。

試験後１週間から１か月後に合否が判明し、合格者には合格証書が交付されます。

④ ネット試験では…

テストセンターの全国統一申込サイトから、受験希望日時・会場、受験者情報等を入力し、クレジットカード、コンビニ払い等により受験料および申込手数料を決済して申し込みます。

申込みをした試験日時に会場に行き、指定されたパソコンに受験者情報を入力したあと、試験が開始します。

受験者ごとに異なる試験問題が受験者のパソコンに配信され、パソコン上で解答を入力します。計算用紙が配布され、試験終了後に回収されます。

試験終了後、自動採点により合否が判明し、合格者にはデジタル合格証が即日交付されます。

日商簿記検定３級の概要

日商簿記検定３級の試験の概要は次のとおりです。より詳しく知りたい方は、検定試験ホームページで確認しましょう。

1 日商簿記３級の試験概要

受験資格	特になし
試験日	【統一試験】６月第２日曜日、11月第３日曜日、２月第４日曜日 【ネット試験】テストセンターが定める日時で随時
申込方法	【統一試験】申込期間（試験の約２か月前から）は各商工会議所によって異なります。各商工会議所にお問い合わせください。 【ネット試験】テストセンターの全国統一申込サイトから、受験希望日時、会場、受験者情報等を入力し、クレジットカード、コンビニ払いにより受験料および申込手数料を決済します。
受験料	￥3,300 （一部の商工会議所およびネット試験では事務手数料がかかります。）
試験科目	商業簿記
試験時間	60分
合格基準	70％以上
問い合わせ	各地商工会議所 検定試験ホームページ：https://www.kentei.ne.jp/

2 合格率

■統一試験

受験回	実受験者数	合格者数	合格率
164回 (2023年６月)	26,757人	9,107人	34.0%
165回 (2023年11月)	25,727人	8,653人	33.6%
166回 (2024年２月)	23,977人	8,706人	36.3%
167回 (2024年６月)	20,927人	8,520人	40.7%
168回 (2024年11月)	19,588人	5,785人	29.5%

■ネット試験

受験期間	受験者数	合格者数	合格率
2022年４月 ～2023年３月	207,423人	85,378人	41.2%
2023年４月 ～2024年３月	238,155人	88,264人	37.1%
2024年４月 ～2024年12月	171,038人	66,863人	39.1%

日商簿記３級の出題傾向と対策

日商簿記3級の出題傾向と対策は、次のとおりです。

第１問対策

仕訳問題が出題される第１問。
いきなり問１から解き始めるのではなく、まずは勘定科目の一覧を確認し、問題文を全部読み、確実に解ける問題から解いて緊張をほぐしましょう！
また、選択肢に勘定科目が与えられているのも大きなヒントになります。こういったヒントも見逃さないようにしましょう。

■出題傾向

- 仕訳問題で問題数は15題です
- 配点は45点です
- 仕訳に必要な勘定科目は選択肢から選びます
- 簡単な仕訳問題から難しい内容までレベルはさまざまです

次に、第１問の出題内容です。第１問の仕訳問題はさまざまな仕訳が出題されますが、特に試験に出題されやすい仕訳は次のとおりです。少なくともこの仕訳は完璧にマスターしておきましょう。

■出題内容

- 小口現金に関する処理
- 内容不明の入金
- 入金内容の判明と処理
- 現金過不足の処理
- 預金口座の振替
- 債権の貸倒れ
- クレジット売掛金に関する処理
- 手付金の受取り、支払い
- 商品券に関する処理
- 貯蔵品への振替
- 旅費の概算払い
- 法人税の中間納付
- 固定資産の購入と付随費用
- 固定資産の売却
- 固定資産の改良、修繕
- 貸付金の回収と利息の処理
- 借入金の返済と利息の処理
- 会社設立時の仕訳
- 増資時の仕訳
- 剰余金の配当
- 売上返品・仕入返品に関する処理
- 売上諸掛りに関する処理
- 仕入諸掛りに関する処理
- 消耗品の購入
- 法定福利費に関する処理
- 給料支払時の処理
- 消費税に関する処理
- 法人税に関する処理
- 損益勘定への振替
- 再振替仕訳

第１問の試験対策です。

第１問は試験開始の合図のあと、最初に解き始める問題ですので第１問への取り組みは大変重要です。まずは深呼吸をして、次の内容を意識しながら解きましょう。

■試験対策

- 第１問の解答時間をあらかじめ決めておきましょう（15～20分程度）
- 過去に出題されたパターンで、自信がある場合は早めに挑戦しましょう
- 問題文が長い問題は、後回しにしましょう
- 計算用紙に仕訳を丁寧に書きながら解きましょう。特に利息の日割計算、減価償却費の計算などは間違いやすいので注意しましょう
- 解けない問題があった場合、全体の時間配分を考え第２問以降に進みましょう

第２問対策

第２問の出題傾向です。

受験生にとってはここからが合否への分かれ道！

ゴールまで正しい順路をめざしているか考えながら進みましょう！

■出題傾向

- 勘定への記入、補助簿への記入、補助簿の選択問題、空欄補充問題などが出題されます
- 配点は20点です

第２問は、次の内容が比較的多く出題されています。勘定記入は一見簡単そうですが、間違いやすいので注意が必要です。第１問と第３問は比較的パターン化された出題ですが、第２問に関しては見慣れない問題が出題される可能性があります。難しい問題が出題されたら後回しにしましょう。

■出題内容

- 勘定への記入
- 固定資産台帳
- 売掛金元帳、買掛金元帳
- 伝票
- 商品有高帳
- 空欄補充問題
- 補助簿の選択

第２問の試験対策です。

第２問は配点が20点ですので、新傾向の問題、分量が多い問題が出題された場合は第３問から解きましょう。なお、見慣れない問題が出題されたとしても部分点を稼ぐことはできますので、決してあきらめないようにしましょう。

■試験対策

- 第２問の解答時間をあらかじめ決めておきましょう（10～15分程度）
- 予想問題と同じパターンで、想定時間内で解く自信がある場合は早めに挑戦しましょう
- 新出題傾向の問題、分量が多い問題で時間がかかると判断した場合は後回しにしましょう
- 計算用紙に仕訳を丁寧に書いて考えましょう。特に、補助簿の選択の場合は計算用紙に仕訳に記入することでケアレスミスを防止できます

第３問対策

第３問の出題傾向です。

第３問は配点が35点の問題です。財務諸表の作成、決算整理後残高試算表、精算表といった典型的な内容が出題されるので、第２問より先に挑戦することをおススメします！

■出題傾向

- 財務諸表の作成、決算整理後残高試算表、精算表の作成問題などが出題されます
- 配点は35点です

第３問では決算に関する論点が問われます。仕訳自体は典型的な仕訳が多く出題されますが、答案用紙への記入に時間がかかりますので、時間配分も合否に影響を与えます。

■出題内容

- 現金過不足の処理
- 当座借越の振り替え
- 貯蔵品の振り替え
- 売上原価の算定
- 固定資産の減価償却
- 貸倒引当金の設定
- 費用・収益の未払い、未収、前払い、前受け
- 消費税の計算
- 法人税の計算
- 未処理事項と訂正仕訳

第３問の試験対策です。

第３問は決算整理事項を中心に出題され、売上原価の算定、貸倒引当金の設定、減価償却、経過勘定の処理に関しては毎回出題されますので、解答できるよう準備しておきましょう。

■ 試験対策

- 第３問の解答時間をあらかじめ決めておきましょう（20〜25分程度）
- まずは問題文の全体を読みましょう。そして、取引の未処理事項、取引の修正仕訳が問われていたら、その取引から先に処理しましょう
- そして、上記の処理が終わったら、売上原価の算定、貸倒引当金の設定、減価償却費の計算、経過勘定の処理など典型的な問題を解きましょう
- 貸借が一致しなかった場合、そのまま次の問題に進み、最後に時間が余ったら間違っている仕訳を探しましょう

次に、実際に本番で問題を解くさいの順番についてのアドバイスです。

本試験では制限時間内に合格点を取る必要があるので、合格点を獲得するためのアプローチが必要です。

そこで、まずは各問の特徴と時間配分を考慮して、次の順番で解いてみましょう。

問　題	特　徴	時間配分
第1問	●仕訳問題 簡単な仕訳から難しい仕訳まで出題	15〜20分
第2問	●勘定記入、補助簿の選択など パターン化している問題が出題されれば取り組みやすい	10〜15分
第3問	●財務諸表、決算整理後残高試算表、精算表など 分量が多いが典型的な仕訳も多い	20〜25分

第１問
目標時間：20分
目標得点：39点/45点

●気持ちを落ち着かせるため、まずは問題文を全部読みましょう

▼

第３問
目標時間：25分
目標得点：30点/35点

●満点をめざすのではなく、簡単な仕訳から解きましょう
●貸借差額で計算する当期純利益などは余った時間で確認しましょう

▼

第２問
目標時間：10分
目標得点：15点/20点

●満点をめざすのではなく、部分点を狙って確実に点数を稼ぎましょう

試験直前の学習方法

ここでは、試験直前の学習方法についてアドバイスします。

ラストスパートで試験の合否は大きく変わりますので、直前の時期は大切に過ごしてくださいね。まず、直前期でのテキストの活用方法です。

■直前期のテキストの活用方法

- テキストに書いてある仕訳の総確認と継続的な復習
- 自分が苦手とする頻出論点の継続的な復習

簿記は「仕訳に始まり、仕訳で終わる」と言われるほど仕訳が重要です。したがって、理解が曖昧な仕訳に関してはこの時点でピックアップしておきましょう。次に、仕訳と同じように苦手としている内容も一緒にピックアップしておきましょう。そして、覚えるまで「毎日」復習しましょう。言うのは簡単ですが、毎日復習するのは結構大変ですね。

ただ、毎日机に向かって復習するわけではありません。例えば、

- **曖昧な箇所に付箋を貼り、スキマ時間で確認**
- **該当箇所を携帯で写真に撮り、スキマ時間で確認**

といった方法でも大丈夫です。まずは「苦手意識」を克服しましょう。スキマ時間で眺めているだけでもかなり違いますので、こういった学習を習慣化しましょう。

次は、直前期の問題の解き方です。これは試験の結果に直結しますので、ぜひ挑戦してください。

■直前期の問題の解き方

- 本番と同じように60分で解く
- 解いている途中で解説を読まない
- できなかった問題は、翌日に復習する

問題が解けないから途中で諦めて解説を確認することはやめましょう。解答を見てしまうと、本番で初めて見る問題に対処できなくなります。与えられた条件の中で考え抜くことも大切です。そして、できなかった問題は翌日に必ず復習しましょう。

解答・解説

第1回 日商簿記3級予想問題　解答・解説

	第1問	第2問	第3問	合計
配　点	45点	20点	35点	100点
目標点	39点	16点	30点	85点
1 回 目	点	点	点	点
2 回 目	点	点	点	点

■解答順序とアドバイス

第1問（20分）

- まず問題文全体を確認し、時間配分を考慮して確実に解答できる問題から解きましょう。少しでも考えさせられる問題と判断したら後回しにしましょう。
- ネット試験の受験の場合、例えば、「普通預金」と「当座預金」など、似ている勘定科目のプルダウンでの選択ミスをしないように注意しましょう。
- 統一試験の受験の場合、似ている勘定科目の記号の転記ミスに注意しましょう。答案用紙への転記の順序（例えば金額→記号など）をあらかじめ決めておきましょう。
- 本問は「問5、問10」を除き、確実に正解できるように復習しましょう。
- 証ひょうの問題（問14、問15）は、問われる仕訳は基本的な内容ですので、得意分野になるまで繰り返し復習しましょう。

↓

第3問（25分）

- 本問は貸借対照表と損益計算書の作成問題です。
- 日商3級の決算整理事項はある程度パターン化していますので、自分の得意としている分野から効率的に解きましょう。

↓

第2問（15分）

全体

- まず問題文全体を確認し、時間配分を考慮して確実に解答できる問題から解きましょう。少しでも考えさせられる問題と判断したら後回しにしましょう。

問1

- 固定資産台帳は、最近では頻出論点となっています。台帳の見方さえ理解すれば内容自体は簡単ですので、得意分野になるよう理解しておきましょう。
- まずは会計期間を確認しましょう（本問は×3年4月1日～×4年3月31日）。
- 問題より備品に関する処理の一連の流れを問われていることを確認しましょう。
- 会計期間を間違えないように、タイムテーブルを記入して解きましょう。
- 減価償却で備忘記録を残す問題となっています。見慣れない内容ですが、過去の本試験では出題されていますので、本問で解き方を学習しましょう。

問2

- 仕訳日計表からの出題です。伝票に関する問題は、入金伝票、出金伝票、振替伝票の見方を理解していれば満点が狙えますので、丁寧に仕訳をしながら解きましょう。

第１問 解答（仕訳１組につき各３点） 合計45点

	借方			貸方		
	記号		金額	記号		金額
1	ア	仕入	500,000	イ	支払手形	200,000
				エ	前払金	50,000
				ウ	買掛金	250,000
2	オ	前受金	50,000	ア	売上	312,000
	ウ	売掛金	262,000			
	エ	発送費	12,000	カ	未払金	12,000
3	オ	電子記録債権	340,000	ア	売掛金	340,000
4	ア	普通預金	120,000	オ	償却債権取立益	120,000
5	エ	現金	2,500	ウ	現金過不足	2,500
6	ア	当座預金	133,000	ウ	借入金	133,000
7	イ	普通預金	6,000,000	エ	手形借入金	6,000,000
8	イ	仮払金	85,000	ア	現金	85,000
9	イ	土地	24,320,000	オ	未払金	24,220,000
				ア	普通預金	100,000
10	オ	給料	1,000,000	ア	所得税預り金	70,000
				ウ	社会保険料預り金	94,000
				エ	従業員立替金	4,500
				イ	普通預金	831,500
11	ア	売上	2,500,000	エ	損益	2,500,000
12	ウ	旅費交通費	8,200	ア	仮払金	9,000
	エ	消耗品費	800			
13	ア	法人税、住民税及び事業税	450,000	イ	仮払法人税等	300,000
				ウ	未払法人税等	150,000
14	ウ	仕入	555,000	ア	買掛金	610,500
	カ	仮払消費税	55,500			
15	ウ	未払法人税等	850,000	エ	普通預金	850,000

第１問は最低でも12問は正解してほしいね！

第1問 解説

1 仕入取引-手付金・手形取引

1 仕入先の札幌株式会社に注文していた商品¥500,000が到着した。なお、代金のうち¥200,000は札幌株式会社宛ての約束手形を振り出し、¥50,000はすでに支払っていた手付金と相殺し、残額は掛けとした。

- 注文時に手付金を支払っている場合、その商品を受け取った時点で**仕入（費用）**を計上するとともに、**前払金（資産）**を充当します。
- 約束手形を振り出した場合、**支払手形（負債）**の増加として処理します。

仕訳

（仕　　入）	500,000	（支 払 手 形）	200,000
		（前 払 金）	50,000
		（買 掛 金）	250,000

買掛金 | 500,000円－200,000円－50,000円＝**250,000円**

取引を「手形取引、手付金の取引、掛け取引」に分けて考えるのがポイントです。なお、手付金支払時の仕訳は、次のとおりです。

【手付金支払時の仕訳】

（前 払 金）	50,000	（現 金 な ど）	50,000

2 売上取引-売上諸掛り

2 得意先那覇商店に商品を売り上げ、代金については注文時の手付金¥50,000と相殺し、残りの金額に送料¥12,000を加えた合計額¥262,000を掛けとした。また、同時に配送業者へ商品を引き渡し、送料¥12,000は後日支払うことにした。

- 注文時に手付金を受け取っている場合、その商品を引き渡した時点で**売上（収益）**を計上するとともに、**前受金（負債）**を充当します。
- 売上諸掛りは、**発送費（費用）**で処理します。

仕訳

（前 受 金）	50,000	（売　　上）	312,000
（売 掛 金）	262,000		
（発 送 費）	12,000	（未 払 金）	12,000

売上 | 50,000円＋262,000円＝**312,000円**

送料は後日支払うので、**未払金（負債）**で処理します。なお、手付金受取時の仕訳は、次のとおりです。

【手付金受取時の仕訳】

（現金など）	50,000	（前受金）	50,000

3 電子記録債権-発生時

3 当社は得意先である横浜株式会社に対する売掛金¥340,000について、同社の承諾を得て、取引銀行を通じて電子記録債権の発生記録を行った。

掛代金を電子記録債権で処理する場合、発生時に**売掛金（資産）**を減少させるとともに、**電子記録債権（資産）**で処理します。

仕 訳

（電子記録債権）	340,000	（売掛金）	340,000

4 貸倒れ-償却債権取立益

4 昨年度に得意先が倒産し、そのさいに売掛金¥800,000の貸倒処理を行っていたが、本日、得意先の清算に伴い¥120,000の分配を受け、同額が普通預金口座へ振り込まれた。

800,000円の貸倒れのうち120,000円を当期に回収できたので、回収できた分配金は**普通預金（資産）**を増加させるとともに、**償却債権取立益（収益）**で処理します。

仕 訳

（普通預金）	120,000	（償却債権取立益）	120,000

貸倒れに関する処理は前期ですでに行っているため、当期に処理する必要はありません。問題文を確認し、いつのタイミングで貸倒れに関する処理を行っているのか注意しましょう。

【貸倒時の仕訳】

（貸倒引当金など）	800,000	（売掛金）	800,000

5 現金過不足-期中取引

5 月末に金庫を実査したところ、紙幣¥200,000、硬貨¥7,500、得意先振出しの小切手¥20,000、郵便切手¥800が保管されていたが、現金出納帳の残高は¥225,000であった。不一致の原因を調べたが原因は判明しなかったので、現金過不足で処理することにした。

✅現金の実際有高と帳簿の残高が一致しない場合、帳簿残高を実際有高に合わせるため、その過不足額を**現金過不足**として処理します。

仕訳

(現　　　　金)	2,500	(現 金 過 不 足)	2,500

現金過不足

227,500円－225,000円＝**2,500円(過大)**

①実際有高：227,500円

紙　　　　幣：	200,000円	合計227,500円
硬　　　　貨：	7,500円	
得意先振出小切手：	20,000円	

②帳簿残高：225,000円

③現金過不足：227,500円(実際有高)－225,000円(帳簿残高)＝2,500円(過大)

郵便切手は現金ではありませんので、本問では処理しません。

6 当座借越-決算時

6 決算にあたり、関東銀行の当座預金口座が¥133,000の貸方残高となっているので、適切な勘定に振り替える。なお、当社では当座借越勘定を用いていない。

✅当座預金勘定の残高が貸方の場合、決算時に適当な勘定に振り替えます。

✅問題文に「当社は当座借越勘定を用いていない」とあるため、選択肢より**借入金（負債）**に振り替えます。

仕訳

(当　座　預　金)	133,000	(借　　入　　金)	133,000

7 手形借入金-借入時

7 関東銀行から¥6,000,000を借り入れるとともに、同額の約束手形を振り出した。なお、同額は普通預金口座を通じて受け取った。

✓ 金銭の借入時に手形を振り出す場合、**手形借入金（負債）**の増加として処理します。

仕訳

（普通預金）	6,000,000	（手形借入金）	6,000,000

8 仮払金に関する処理

8 従業員からの出張申請にもとづき、旅費交通費の概算額¥85,000を現金で手渡した。

✓ 出張旅費の支払いに関する金額は出張から帰社するまで金額が確定しないため、出張申請時は概算額を**仮払金（資産）**の増加として処理します。

仕訳

（仮払金）	85,000	（現金）	85,000

9 固定資産-購入時

9 新規出店のため土地300㎡を1㎡あたり¥80,000で購入し、購入手数料¥220,000を含む代金の全額を後日支払うこととした。また、この土地の整地費用¥100,000を普通預金口座より支払った。

✓ 固定資産の取得原価は、固定資産の代金に購入手数料や整地費用などの付随費用を含め**土地（資産）**の増加として処理します。

仕訳

（土地）	24,320,000	（未払金）	24,220,000
		（普通預金）	100,000

土地 | 80,000円×300㎡＋220,000円＋100,000円＝**24,320,000円**

10 給料の支払いに関する処理

10 今月分の従業員に対する給料￥1,000,000を、所得税の源泉徴収分￥70,000および健康保険・厚生年金の社会保険料合計￥94,000、さらに会社側が立て替えて支払った雇用保険の従業員負担分である月額相当額￥4,500を控除し、各従業員の銀行口座へ普通預金口座から振り込んだ。

- 所得税の源泉徴収分については**所得税預り金（負債）**の増加、従業員が負担すべき社会保険料については**社会保険料預り金（負債）**の増加として処理します。
- 会社が立て替えて支払っていた雇用保険を控除した場合、**従業員立替金（資産）**の減少として処理します。

仕　訳

（給　　　料）	1,000,000	（所得税預り金）	70,000
		（社会保険料預り金）	94,000
		（従業員立替金）	4,500
		（普　通　預　金）	831,500

普通預金｜1,000,000円－70,000円－94,000円－4,500円＝**831,500円**

取引を分解して考えるのがポイントです。
なお、会社が1年分の雇用保険料を一括で支払っている場合、会社が立て替えた従業員負担の雇用保険料については毎月給料から差し引いて支給します。そのため、給料支払い時に立て替えた金額の月額負担分を従業員立替金勘定で処理します。
従業員立替金勘定を利用するパターンは出題範囲ですが出題可能性は低いので、まずは従業員立替金勘定がないパターンから理解しましょう。

11 決算振替仕訳

11 決算日において、売上勘定の貸方残高￥2,500,000を損益勘定に振り替えた。

- 決算手続きとして帳簿を締め切る必要があり、収益項目、費用項目は損益勘定に振り替えます。

仕　訳

（売　　　上）	2,500,000	（損　　　益）	2,500,000

12 ＩＣカード-旅費交通費、消耗品費

12 従業員が業務用のＩＣカードから旅費交通費￥8,200および消耗品費￥800を支払った。なお、ＩＣカードのチャージ（入金）については、チャージ時に仮払金として処理している。

ＩＣカードへのチャージ時に**仮払金（資産）**で処理しているため、ＩＣカードからの支払いは**仮払金（資産）**の減少として処理します。

仕　訳

（旅費交通費）	8,200	（仮払金）	9,000
（消耗品費）	800		

仮払金｜8,200円＋800円＝**9,000円**

13 税金-法人税、住民税及び事業税

13 決算において、税引前当期純利益￥1,500,000の30％を法人税、住民税及び事業税に計上した。なお、当社は中間納付として￥300,000を納付しており、仮払法人税等で処理している。

中間納付時に仮払法人税等を計上しているので、決算時ではこの**仮払法人税等（資産）**を減少させるとともに、貸借差額を**未払法人税等（負債）**の増加として処理します。

仕　訳

（法人税、住民税及び事業税）	450,000	（仮払法人税等）	300,000
		（未払法人税等）	150,000

法人税、住民税及び事業税｜1,500,000円×30％＝**450,000円**
未払法人税等｜450,000円－300,000円＝**150,000円**

14 証ひょう-商品の納品書

14 商品を仕入れ、品物とともに次の納品書を受け取り、代金は後日支払うこととした（税抜方式）。

納　品　書

株式会社千葉商事　御中

長野株式会社

品物	数量	単価	金額
鉛筆（12本入りケース）	400	900	￥360, 000
ボールペン（12本入りケース）	100	1, 200	￥120, 000
油性ペン（10本入りケース）	50	1, 500	￥ 75, 000
	消費税		￥ 55, 500
	合計		￥610, 500

- 納品書の読み取りの場合、購入した品物の消費税を除いた合計金額を**仕入(費用)**で処理します。
- 支払った消費税は**仮払消費税（資産）**の増加として処理します。

仕　訳

（仕　入）	555,000	（買　掛　金）	610,500
（仮払消費税）	55,500		

仕　入｜360,000円＋120,000円＋75,000円＝**555,000円**

買掛金｜555,000円＋55,500円＝**610,500円**

15 証ひょう-法人税等の領収証書

15 以下の納付書にもとづき、当社の普通預金口座から法人税を振り込んだ。

領　収　証　書

科目	法人税	本　　税	850,000	納期等の区分　X20401 X30331
		○ ○ ○ 税		
		△　△　税		中間　確定（丸囲み）
住所	埼玉県さいたま市○○	□□税		
		××税		出納印 X3. 5. 20 関東銀行
氏名	株式会社さいたま商事	合計額	¥850,000	

- 問題文からはこの取引が中間納付か確定申告かが判断できませんので、領収証書の記載内容より確定申告時の支払いと判断します。
- 決算時に未払法人税等が計上されているため、確定申告時に**未払法人税等（負債）**の減少として処理します。

仕訳

（未払法人税等）	850,000	（普　通　預　金）	850,000

第２問 解答　合計20点

1 固定資産台帳（各２点）

解　答

固　定　資　産　台　帳　　　　×4年３月31日現在

取　得 年月日	名称 等	期末 数量	耐用 年数	期　首 （期中取得） 取得原価	期　首 減価償却 累計額	差引期首 （期中取得） 帳簿価額	当　期 減価償却費
備　　品							
×0年4月1日	備品A	1	4年	2,000,000	1,500,000	500,000	（ 499,999 ）
×2年10月1日	備品B	1	6年	1,200,000	100,000	1,100,000	（ 200,000 ）
×3年6月1日	備品C	1	8年	960,000	0	960,000	（ 100,000 ）
小　　計				4,160,000	1,600,000	2,560,000	（ 799,999 ）

備　　　品

日	付		摘　要	借　方	日	付		摘　要	貸　方
×3	4	1	前期繰越	（ 3,200,000 ）	×4	3	31	次期繰越	（ 4,160,000 ）
	6	1	当座預金	（ 960,000 ）					
				（ 4,160,000 ）					（ 4,160,000 ）

備品減価償却累計額

日	付		摘　要	借　方	日	付		摘　要	貸　方
×4	3	31	次期繰越	（ 2,399,999 ）	×3	4	1	前期繰越	（ 1,600,000 ）
					×4	3	31	減価償却費	（ 799,999 ）
				（ 2,399,999 ）					（ 2,399,999 ）

解　説

1 全体像の把握

備品の購入時から当年度末までをタイムテーブルで表すと、次のようになります。したがって、前期繰越額の計算、期中取引、次期繰越額の計算という順番で計算します。

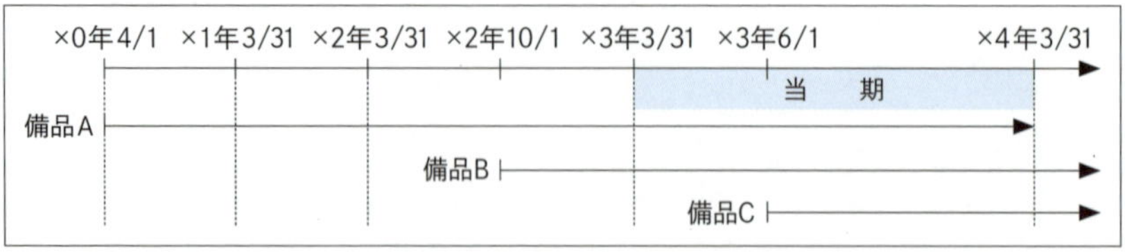

2 前期繰越額の計算

① 備品勘定

×3年4月1日の時点で保有している備品の合計額となります。

備品A｜固定資産台帳より**2,000,000円**
備品B｜固定資産台帳より**1,200,000円**
→ 合計**3,200,000円**(②)

② 備品減価償却累計額勘定

備品勘定と同様、×3年4月1日の時点で保有している備品の合計額となります。

備品A｜固定資産台帳より**1,500,000円**
備品B｜固定資産台帳より**100,000円**
→ 合計**1,600,000円**(④)

③ 期中取引の計算

当期の6月1日に備品Cを購入しているため、次の仕訳をします。

(備　　品)	960,000	(当　座　預　金)	960,000

備品C｜備品勘定 **960,000円**(③)

④ 次期繰越額の計算

当期末に保有している備品の減価償却を行い、次期繰越額を計算します。なお、備品Aの耐用年数は4年であり本年度で耐用期間が終了となりますが、問題文の指示により備忘記録として1円を残して減価償却を行います。

(減　価　償　却　費)	799,999	(減価償却累計額)	799,999

減価償却費(備品A)｜2,000,000円÷4年＝500,000円
　500,000円－1円＝**499,999円**(①)
減価償却費(備品B)｜1,200,000円÷6年＝**200,000円**
減価償却費(備品C)｜$960{,}000\text{円} \div 8\text{年} \times \dfrac{10\text{か月}(6/1\sim3/31)}{12\text{か月}(4/1\sim3/31)} = \mathbf{100{,}000\text{円}}$
合　　計｜499,999円＋200,000円＋100,000円＝**799,999円**(⑤)

備品Aは備忘記録として1円残します。その理由は、仮に全額償却した場合、備品から備品減価償却累計額を差し引いた金額がゼロとなり、簿外資産、つまり帳簿上は存在しない資産が会社に残ることになります。そうなると利害関係者が会社の実態を把握するのが困難になるため、そのような不利益を回避するため実務上は償却済みの資産については1円を残す処理を行います。

最後に、問題の資料をまとめると、次のようになります。

固定資産台帳

×4年３月31日現在

取得年月日	名称等	期末数量	耐用年数	期首(期中取得)取得原価	期首減価償却累計額	差引期首(期中取得)帳簿価額	当期減価償却費
備品							
×0年4月1日	備品A	1	4年	② 2,000,000	④ 1,500,000	500,000	(①499,999)
×2年10月1日	備品B	1	6年	1,200,000	100,000	1,100,000	(200,000)
×3年6月1日	備品C	1	8年	③ 960,000	0	960,000	(100,000)
小計				4,160,000	1,600,000	2,560,000	(⑤799,999)

備品

日付			摘要	借方	日付			摘要	貸方
×3	4	1	前期繰越	(②3,200,000)	×4	3	31	次期繰越	(4,160,000)
	6	1	当座預金	(③ 960,000)					
				(4,160,000)					(4,160,000)

備品減価償却累計額

日付			摘要	借方	日付			摘要	貸方
×4	3	31	次期繰越	(2,399,999)	×3	4	1	前期繰越	(④1,600,000)
					×4	3	31	減価償却費	(⑤ 799,999)
				(2,399,999)					(2,399,999)

2 伝票 (各2点)

解答

問1

仕訳日計表

×1年10月1日

借方	勘定科目	貸方
120,000	現金	107,500
160,000	売掛金	105,000
80,500	買掛金	260,000
	売上	160,000
	受取手数料	15,000
260,000	仕入	
27,000	旅費交通費	
647,500		647,500

		現	金		
10/1	前月繰越	210,000	10/1	仕訳日計表	(107,500)
〃	仕訳日計表	(120,000)			

問2 埼玉商店に対する売掛金残高 ¥ 115,000

解 説

1 全体像の把握

本問の構成は、仕訳日計表の作成、現金勘定の作成、埼玉商店に対する売掛金残高の計算となります。まずは各伝票の仕訳のさいに、埼玉商店の仕訳のみ集計しやすいよう工夫して集計しましょう。

2 各伝票の処理

① 入金伝票

入金伝票は、借方を**現金（資産）**の増加として処理します。なお、埼玉商店に関係する処理については、後に集計しやすいよう商店名を記入します。

No.101	(現 金)	105,000	(売 掛 金・埼 玉)	105,000
No.102	(現 金)	15,000	(受 取 手 数 料)	15,000

② 出金伝票

出金伝票は、貸方を**現金（資産）**の減少として処理します。

No.201	(買 掛 金)	80,500	(現 金)	80,500
No.202	(旅 費 交 通 費)	27,000	(現 金)	27,000

③ 振替伝票の処理

振替伝票は、現金勘定を使用しない取引に関して仕訳を行います。

No.301	(売 掛 金・埼 玉)	160,000	(売 上)	160,000
No.302	(仕 入)	260,000	(買 掛 金)	260,000

3 仕訳日計表と現金勘定の記入（問1）

各伝票の金額を仕訳日計表に集計します。また、現金の合計金額を総勘定元帳の現金勘定へ合計転記します。

① 借方金額の記入

現　　金	105,000円+15,000円=**120,000円**
売 掛 金	**160,000円**
買 掛 金	**80,500円**
仕　　入	**260,000円**
旅費交通費	**27,000円**

② 貸方金額の記入

現　　金	80,500円+27,000円=**107,500円**
売 掛 金	**105,000円**
買 掛 金	**260,000円**
売　　上	**160,000円**
受取手数料	**15,000円**

③ 現金勘定の記入

現　　金

10/1	前 月 繰 越	210,000	10/1	仕 訳 日 計 表	(**107,500**)
〃	仕 訳 日 計 表	(**120,000**)			

④ 埼玉商店に対する売掛金残高の計算（問2）

埼玉商店に対する売掛金勘定の金額を集計します。

売掛金･埼玉	60,000円+160,000円－105,000円=**115,000円**

売 掛 金 ・ 埼 玉 商 店

9/30	残　　高	60,000	10/1	No.101より	105,000
10/1	No.301より	160,000	〃	**残　　高**	**115,000**

第３問 解答 合計35点（ 各3点 、 各2点 ）

貸借対照表
×3年3月31日

（単位：円）

現　　金		（ 415,500 ）	買　掛　金	（ 252,000 ）
当座預金		（1,552,000 ）	未払（消費税）	（ 220,000 ）
売　掛　金	（1,150,000 ）		未払法人税等	（ 37,650 ）
（貸倒引当金）	△（ 23,000 ）	（1,127,000 ）	資　本　金	5,500,000
商　　品		（ 220,000 ）	繰越利益剰余金	（1,545,850 ）
貯　蔵　品		（ 7,000 ）		
（前払）費用		（ 99,000 ）		
貸　付　金		（ 800,000 ）		
建　　物	（1,500,000 ）			
減価償却累計額	△（ 800,000 ）	（ 700,000 ）		
備　　品	（ 450,000 ）			
減価償却累計額	△（ 315,000 ）	（ 135,000 ）		
土　　地		2,500,000		
		（7,555,500 ）		（7,555,500 ）

損益計算書
×2年4月1日から×3年3月31日まで

（単位：円）

売上原価	（ 4,210,000 ）	売　上　高	6,450,000
給　　料	（ 1,340,000 ）	受取利息	4,000
通　信　費	（ 159,000 ）	貸倒引当金（戻入）	（ 2,000 ）
支払家賃	（ 387,000 ）		
租税公課	（ 92,000 ）		
減価償却費	（ 140,000 ）		
雑　　損	（ 2,500 ）		
法人税等	（ 37,650 ）		
当期純（利益）	（ 87,850 ）		
	（ 6,456,000 ）		（ 6,456,000 ）

第３問は30点を目標にして頑張りましょう！

第3問 解説

1 全体像の把握

貸借対照表と損益計算書の作成問題で、決算整理事項は標準的なレベルです。売上原価、引当金、減価償却といった解答しやすい頻出論点から先に解きましょう。

2 決算整理事項等

① 現金過不足に関する処理

現金の不足額のうち原因が判明した通信費については**通信費（費用）**として処理し、判明しなかった金額については**雑損（費用）**として処理します。

（通信費）	5,000	（現金過不足）	7,500
（雑損）	2,500		

雑損 ┃ 7,500円－5,000円＝**2,500円**

② 売掛金に関する処理(未処理事項)

（当座預金）	100,000	（売掛金）	100,000

③ 仮払金に関する処理

収入印紙のうち使用済みの印紙については**租税公課（費用）**として処理し、未使用部分については**貯蔵品（資産）**の増加として処理します。

（租税公課）	5,000	（仮払金）	12,000
（貯蔵品）	7,000		

貯蔵品 ┃ 12,000円－5,000円＝**7,000円**

④ 消費税に関する処理

預かっている消費税（仮受消費税）とすでに支払った消費税（仮払消費税）の差額を、**未払消費税（負債）**の増加として処理します。

（仮受消費税）	645,000	（仮払消費税）	425,000
		（未払消費税）	220,000

未払消費税 ┃ 645,000円－425,000円＝**220,000円**

⑤ 貸倒引当金の設定に関する処理

売掛金の期末残高を基準に貸倒引当金を設定します。本問では貸倒引当金残高が設定額を上回っているため、**貸倒引当金戻入（収益）**として処理します。

（貸倒引当金）	2,000	（貸倒引当金戻入）	2,000

貸倒引当金戻入 ｜ (1,250,000円－100,000円)×２％＝23,000円
（100,000円：②未処理事項）

25,000円－23,000円＝**2,000円(戻入)**

⑥ 売上原価に関する処理

期首の繰越商品を仕入に振り替えます。また、期末に在庫として残っている商品を仕入から繰越商品に振り替えて売上原価を計算します。

（仕　　入）	180,000	（繰越商品）	180,000
（繰越商品）	220,000	（仕　　入）	220,000

■仕入勘定と繰越商品勘定の流れ

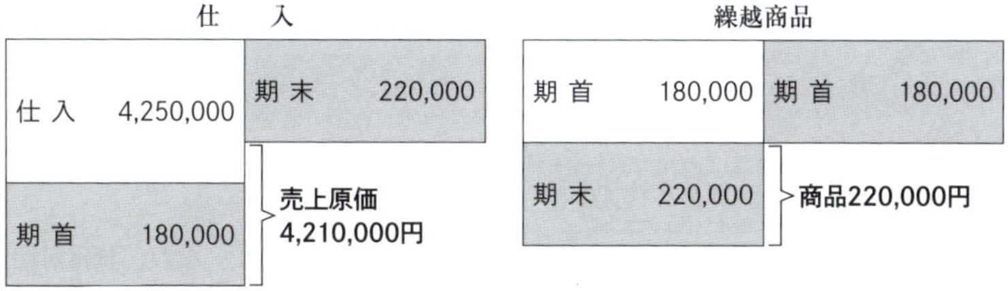

⑦ 減価償却に関する処理

建物および備品の減価償却費を計上します。

1. 建物に関する処理

（減価償却費）	50,000	（建物減価償却累計額）	50,000

減価償却費 ｜ 1,500,000円÷30年＝**50,000円**

2. 備品に関する処理

（減価償却費）	90,000	（備品減価償却累計額）	90,000

減価償却費 ｜ 450,000円÷５年＝**90,000円**

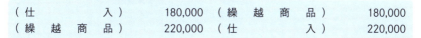

⑧ 支払家賃に関する処理（前払家賃）

支払家賃のうち、まだ経過していないにもかかわらず支払っている前払金額については**前払家賃（資産）**の増加として処理します。

（前　払　家　賃）	99,000	（支　払　家　賃）	99,000

前払家賃｜ $396{,}000円 \times \dfrac{3か月（\times 3年4月\sim\times 3年6月）}{12か月（\times 2年7月\sim\times 3年6月）} = \mathbf{99{,}000円}$

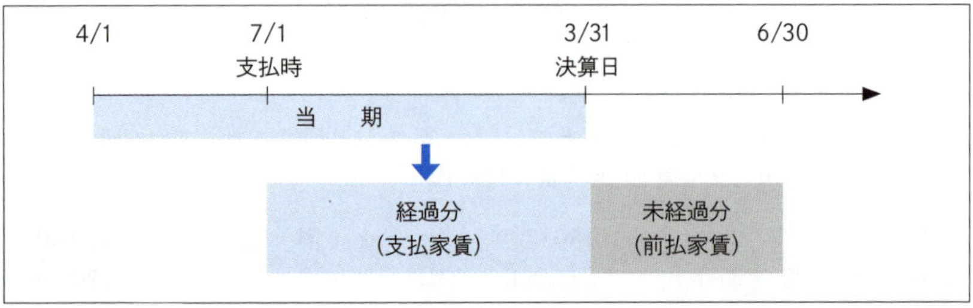

⑨ 法人税に関する処理

法人税等を計上する場合、相手勘定は**未払法人税等（負債）**で処理します。

（法　人　税　等）	37,650	（未払法人税等）	37,650

3　貸借対照表と損益計算書の作成

残高試算表の金額に決算整理事項等を考慮した金額で作成します。なお、貸借対照表の繰越利益剰余金と損益計算書の当期純利益の関係は次のとおりです。

■当期純利益と繰越利益剰余金の関係

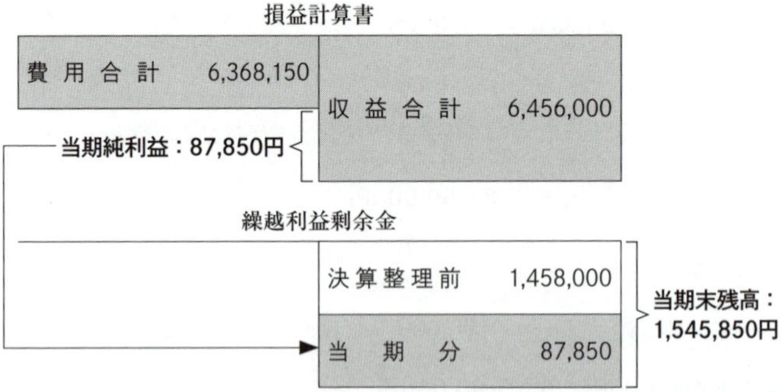

本問で決算整理後残高試算表を作成した場合、次のようになります。貸借対照表、損益計算書との違いを確認しておきましょう。

【参考】決算整理後残高試算表

残高試算表

借方残高	勘定科目	貸方残高
415,500	現金	
1,552,000	当座預金	
1,150,000	売掛金	
220,000	繰越商品	
7,000	貯蔵品	
99,000	前払家賃	
800,000	貸付金	
1,500,000	建物	
450,000	備品	
2,500,000	土地	
	買掛金	252,000
	未払消費税	220,000
	未払法人税等	37,650
	貸倒引当金	23,000
	建物減価償却累計額	800,000
	備品減価償却累計額	315,000
	資本金	5,500,000
	繰越利益剰余金	1,458,000
	売上	6,450,000
	受取利息	4,000
	貸倒引当金戻入	2,000
4,210,000	仕入	
1,340,000	給料	
159,000	通信費	
387,000	支払家賃	
92,000	租税公課	
140,000	減価償却費	
2,500	雑損	
37,650	法人税等	
15,061,650		15,061,650

第2回 日商簿記3級予想問題 解答・解説

	第1問	第2問	第3問	合計
配　点	45点	20点	35点	100点
目標点	42点	16点	30点	88点
1 回 目	点	点	点	点
2 回 目	点	点	点	点

解答順序とアドバイス

第1問（20分）

- まず問題文全体を確認し、時間配分を考慮して確実に解答できる問題から解きましょう。少しでも考えさせられる問題と判断したら後回しにしましょう。
- ネット試験の受験の場合、例えば、「普通預金」と「当座預金」など、似ている勘定科目のプルダウンでの選択ミスをしないように注意しましょう。
- 統一試験の受験の場合、似ている勘定科目の記号の転記ミスに注意しましょう。答案用紙への転記の順序（例えば金額→記号など）をあらかじめ決めておきましょう。
- 本問はすべて標準レベルの問題です。確実に正解できるように復習しましょう。
- 証ひょうの問題（問11、問15）は、問われる仕訳は基本的な内容ですので、得意分野になるまで繰り返し復習しましょう。

↓

第3問（25分）

- 本問は精算表の作成問題です。
- 期末商品の計算について「仕入勘定」で計算する方法が問われていますが、本試験では「売上原価勘定」で計算する方法も出題されますので、両方の方法を対比しつつ理解してください。

↓

第2問（15分）

全体

- まず問題文全体を確認し、時間配分を考慮して確実に解答できる問題から解きましょう。少しでも考えさせられる問題と判断したら後回しにしましょう。

問1

- 本問は利息の一連の処理に関する出題です。
- 取引の処理は平易な内容ですが、勘定記入に苦手意識のある方は計算用紙に仕訳を書いて解答しましょう。

問2

- 補助簿の選択問題は、3級の出題範囲では最も得点しやすい内容です。本問が出題されたら運が良かったと思い、確実に満点が取れるよう慎重に解きましょう。
- 仕訳をした後、どの補助簿に転記するかを意識して解答することがポイントです。

第１問　解答（仕訳１組につき各３点）　合計45点

	借方			貸方		
	記号		金額	記号		金額
1	ア	仕入	150,000	カ	前払金	30,000
				イ	買掛金	120,000
	エ	立替金	6,000	オ	現金	6,000
2	イ	普通預金	125,000	ア	売上	125,000
	ウ	発送費	2,000	エ	現金	2,000
3	イ	クレジット売掛金	480,000	ウ	売上	500,000
	オ	支払手数料	20,000			
4	エ	現金	50,000	ア	売掛金	250,000
	ウ	貸倒引当金	200,000			
5	ウ	受取商品券	80,000	イ	売上	200,000
	オ	売掛金	120,000			
6	ウ	旅費交通費	60,000	エ	現金過不足	40,000
	オ	雑損	16,000	イ	受取手数料	36,000
7	ア	当座預金	300,000	イ	当座借越	300,000
8	イ	定期預金関東銀行	1,000,000	ア	普通預金東北銀行	1,000,450
	ウ	支払手数料	450			
9	エ	手形貸付金	800,000	ア	普通預金	788,000
				カ	受取利息	12,000
10	オ	現金	200,000	ウ	仮受金	200,000
11	カ	消耗品費	62,800	ア	未払金	62,800
12	イ	貯蔵品	26,250	エ	通信費	9,450
				カ	租税公課	16,800
13	エ	備品	180,000	ア	普通預金	185,000
	ウ	消耗品費	5,000			
14	ウ	修繕費	750,000	エ	未払金	750,000
15	ア	備品	887,800	エ	仮払金	887,800

第１問は最低でも12問は正解してほしいね！

第1問 解説

1 仕入取引-手付金・仕入諸掛り

1 仕入先の青森株式会社から商品￥150,000を仕入れ、商品代金の20％は手付金としてあらかじめ支払済みであるため相殺し、残額は掛けとした。なお、商品の発送費用（先方負担）￥6,000を運送会社に現金で立替払いし、掛代金とは区別して計上した。

- ✓手付金と相殺している場合、**前払金（資産）**の減少として処理します。
- ✓先方負担の仕入諸掛りについては、問題文の指示により**立替金（資産）**の増加として処理します。

仕 訳

（仕　　入）	150,000	（前　払　金）	30,000
		（買　掛　金）	120,000
（立　替　金）	6,000	（現　　金）	6,000

前払金｜150,000円×20％＝**30,000円**

買掛金｜150,000円－30,000円＝**120,000円**

仕入諸掛りの処理は全部で三種類ありますので、処理方法を整理しておきましょう。なお、問題文に指示がない場合は当社負担と考えましょう。

当社負担	**仕入（費用）**に含めて処理
仕入先負担	**立替金（資産）**で処理（←本問）
	買掛金（負債）を減額

2 売上取引-他人振出小切手

2 得意先へ商品￥125,000を販売し、代金は同店振出しの小切手を受け取り、ただちに普通預金口座に預け入れた。また、送料￥2,000は現金で支払った。

- ✓得意先が振り出した小切手を受け取り、ただちに普通預金口座に預け入れているので、**普通預金（資産）**の増加として処理します。
- ✓売上諸掛りは、**発送費（費用）**で処理します。

仕 訳

（普　通　預　金）	125,000	（売　　上）	125,000
（発　送　費）	2,000	（現　　金）	2,000

得意先振出の小切手を受け取ったときは**現金（資産）**で処理します。受け取った小切手をその後どのように処理しているのかまで問題文で確認しましょう。

3 売上取引-クレジット売掛金

3 商品￥500,000をクレジット払いの条件で販売した。なお、信販会社へのクレジット手数料として販売代金の４％を販売時に計上した。

- 問題文の指示にしたがって、商品の販売時にクレジット手数料として**支払手数料（費用）**で処理します。

仕 訳

（クレジット売掛金）	480,000	（売　　　上）	500,000
（支 払 手 数 料）	20,000		

支 払 手 数 料 | 500,000円×４％＝**20,000円**
クレジット売掛金 | 500,000円－20,000円＝**480,000円（貸借差額）**

4 貸倒れ-前期販売分

4 得意先に対する売掛金￥250,000（前期販売分）について、本日、￥50,000を現金で回収し、残額については貸倒れとして処理した。なお、貸倒引当金の残高は￥350,000である。

- 回収した現金は**現金（資産）**の増加として処理します。
- 前年度の売掛金が貸し倒れた場合、貸倒引当金を設定している場合は**貸倒引当金**を取り崩して充当します。

仕 訳

（現　　　　金）	50,000	（売　掛　金）	250,000
（貸 倒 引 当 金）	200,000		

貸倒引当金 | 250,000円－50,000円＝**200,000円**

貸倒引当金の金額が不足している場合はその不足額については**貸倒損失（費用）**として処理します。貸倒額と貸倒引当金残高を常に確認しましょう。

5 売上取引-商品券

5 商品￥200,000を販売し、代金のうち￥80,000は信販会社が発行している商品券で受け取り、残額は後日受け取ることとした。

✓商品券を受け取ったときは、**受取商品券（資産）**の増加として処理します。

仕 訳

（受取商品券）	80,000	（売　　上）	200,000
（売　掛　金）	120,000		

売掛金 | 200,000円－80,000円＝**120,000円(貸借差額)**

6 現金過不足-決算時

6 決算日、先月に借方に計上していた現金過不足￥40,000の原因を改めて調査した結果、旅費交通費￥60,000、受取手数料￥36,000の記入漏れが判明した。残額は原因が不明であったので、雑益または雑損として処理する。

✓借方に計上していた原因不明の現金過不足の理由が判明したため、その原因となった取引について処理するとともに、**現金過不足**の減少として処理します。

✓貸借差額（本問では借方）については**雑損（費用）**として処理します。

仕 訳

（旅費交通費）	60,000	（現金過不足）	40,000
（雑　　損）	16,000	（受取手数料）	36,000

雑損 | 40,000円＋36,000円－60,000円＝**16,000円(貸借差額)**

現金過不足の計上時は、次の仕訳をしています。

【現金過不足判明時の仕訳】

（現金過不足）	40,000	（現　　金）	40,000

7 当座借越-決算時

7 決算において当座預金勘定の残高が¥300,000（貸方）となっているが、これは全額が当座借越によるものであるため、適切な勘定へ振り替える。なお、当社は当座借越勘定を用いている。

- 当座預金勘定の残高が貸方の場合、決算時に適当な勘定に振り替えます。
- 問題文に「当社は当座借越勘定を用いている」とあるため、選択肢より**当座借越（負債）**に振り替えます。

仕　訳

（当　座　預　金）	300,000	（当　座　借　越）	300,000

8 預金に関する処理

8 東北銀行の普通預金口座から関東銀行の定期預金口座へ¥1,000,000を振り込みにより移動した。また、振込手数料として¥450が引き落とされた。なお、当社では資金管理のために口座ごとに銀行名を組み合わせた勘定科目を使用している。

- 問題文の指示により、銀行名を組み合わせた勘定科目を使用して処理します。
- 銀行間の振込手数料は**支払手数料（費用）**で処理します。

仕　訳

（定期預金関東銀行）	1,000,000	（普通預金東北銀行）	1,000,450
（支　払　手　数　料）	450		

普通預金東北銀行｜1,000,000円＋450円＝**1,000,450円**

9 手形貸付金-貸付時

9 山形株式会社に¥800,000を貸し付け、同額の約束手形を受け取り、利息¥12,000を差し引いた残額を当社の普通預金口座から山形株式会社の当座預金口座に振り込んだ。

- 金銭の貸付時に手形を受け取る場合、**手形貸付金（資産）**の増加として処理します。

仕　訳

（手　形　貸　付　金）	800,000	（普　通　預　金）	788,000
		（受　取　利　息）	12,000

普通預金｜800,000円－12,000円＝**788,000円**

10 仮受金に関する処理

10 出張中の従業員から￥200,000の送金小切手が会社宛てに送られてきたが、現時点ではその詳細は不明である。

- 送金小切手は簿記上の現金に該当するので、**現金（資産）**の増加として処理します。
- 内容不明の入金などがあった場合、その理由が判明するまで**仮受金（負債）**の増加として処理します。

仕　訳

（現　金）	200,000	（仮　受　金）	200,000

11 証ひょう-請求書

11 事務作業に使用する物品を購入し、品物とともに次の請求書を受け取り、代金は後日支払うこととした。

請　求　書

株式会社大津商事　様

京都株式会社

品物	数量	単価	金額
マウス	20	1,500	￥ 30,000
マウスパッド	20	400	￥ 8,000
プリンターインク	6	4,000	￥ 24,000
送料	—	—	￥ 800
	合計		￥ 62,800

X1年8月31日までに合計額を下記口座へお振込み下さい。
滋賀銀行東西支店　普通　7654321　キヨウト（カ

- 会社で使用する消耗品を購入した場合、**消耗品費（費用）**として処理します。
- 購入代金は後日支払うので、**未払金（負債）**の増加として処理します。
- 消耗品を購入したさいの付随費用は、**消耗品費（費用）**に含めて処理します。

仕　訳

（消　耗　品　費）	62,800	（未　払　金）	62,800

12 貯蔵品に関する処理

12 決算のため現状を調査したところ、すでに費用処理されているはがき（@￥63）が150枚と、収入印紙の未使用分￥16,800があることが判明したため、適切な勘定へ振り替える。

- はがきは**通信費（費用）**、収入印紙は**租税公課（費用）**で処理します。
- 収入印紙やはがきは換金性の高いので、期末に未使用分がある場合は**貯蔵品（資産）**に振り替えます。

仕訳

（貯　蔵　品）	26,250	（通　信　費）	9,450
		（租　税　公　課）	16,800

通信費 | 63円×150枚＝**9,450円**
貯蔵品 | 9,450円＋16,800円＝**26,250円**

13 固定資産-購入時

13 業務用のオフィス機器￥180,000とコピー用紙￥5,000を購入し、代金の合計を普通預金口座から振り込んだ。

- オフィス機器のように長期的に使用するものは**備品（資産）**の増加、コピー用紙のように短期間で使用されなくなってしまうものは**消耗品費（費用）**として処理します。

仕訳

（備　　品）	180,000	（普　通　預　金）	185,000
（消　耗　品　費）	5,000		

普通預金 | 180,000円＋5,000円＝**185,000円**

14 固定資産-修繕時

14 店舗として利用している建物の定期修繕を行い、代金￥750,000は今月末に支払うこととした。

- 建物の修繕した場合、**修繕費（費用）**として処理します。
- 代金は後日支払うので、**未払金（負債）**の増加として処理します。

仕 訳

（修　繕　費）	750,000	（未　払　金）	750,000

例えば、雨漏りの修理や穴が開いた壁の修理など、建物の機能の維持や現状の回復を目的としたものを修繕といい、**修繕費（費用）**として処理します。
一方、建物の増築など、建物自体の価値を高める改良を行った場合は、その金額を**建物（資産）**の増加として処理します。
本試験では問題文に指示がありますので、その指示にしたがって考えましょう。

修　　繕	**修繕費（費用）**として処理（収益的支出）
改　　良	**建物（資産）**の増加として処理（資本的支出）

15 証ひょう-領収書

15 事務用物品をインターネット注文で購入し、品物とともに次の領収書を受け取った。なお、代金は仮払金勘定で処理している。

領　収　書

株式会社盛岡商事　様

福島電器株式会社

品物	数量	単価	金額
キャビネット	5	165,000	¥825,000
配送料	—	—	¥　8,800
設置費用	5	10,800	¥　54,000
	合計		¥887,800

上記の合計額を領収いたしました。

収入印紙 ㊞ 200円

- 固定資産の取得原価は、固定資産の購入代金に配送料や設置費用などの付随費用を含めます。
- 代金は事前に仮払金として処理しているため、固定資産の引渡時に**仮払金（資産）**の減少として処理します。

仕 訳

（備　　品）	887,800	（仮　払　金）	887,800

第2問 解答 合計20点

1 勘定記入 (各2点)

解　答

受　取　利　息

3/31	(キ損　益)	(54,250)	9/30	普通預金	(24,000)
			3/31	普通預金	(24,000)
			〃	未収利息	(6,250)
		(54,250)			(54,250)

未　収　利　息

3/31	(ウ受取利息)	(6,250)	3/31	(カ次期繰越)	(6,250)
4/1	(オ前期繰越)	(6,250)			

解　説

1 取引の仕訳

期中取引および決算整理仕訳を行い勘定科目に転記します。

① 4月1日　貸付時の処理(大分商店)

本問では受取利息、未収利息に関することが問われているので、この仕訳は解答に影響がありません。

(貸　付　金)	2,400,000	(普　通　預　金)	2,400,000

② 9月30日　利払日の処理

大分商店に対する貸付金利息6か月分を計上します。

(普　通　預　金)	24,000	(受　取　利　息)	24,000

受取利息｜ $2,400,000円 \times 2\% \times \frac{6か月}{12か月} = 24,000円$

③ 2月1日　貸付時の処理(長崎商店)

本問では受取利息、未収利息に関することが問われているので、この仕訳は解答に影響がありません。

(貸　付　金)	2,500,000	(普　通　預　金)	2,500,000

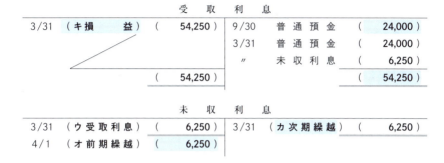

④ 3月31日　利払日の処理

大分商店に対する貸付金利息６か月分を計上します。

（普　通　預　金）	24,000	（受　取　利　息）	24,000

受取利息｜2,400,000円×２％×$\frac{6か月}{12か月}$＝24,000円

⑤ 決算整理仕訳

長崎商店に対する貸付金の利息は返済時に一括して受け取る契約のため、決算時に経過部分の利息を計上します。

（未　収　利　息）	6,250	（受　取　利　息）	6,250

未収利息｜2,500,000円×1.5％×$\frac{2か月}{12か月}$＝6,250円

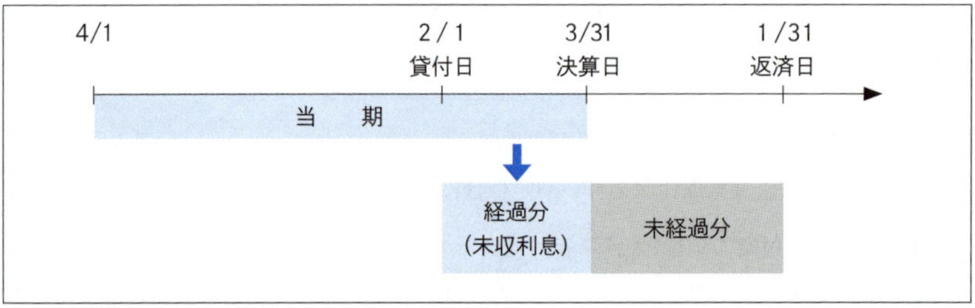

⑥ 決算振替仕訳

収益項目および費用項目を損益勘定に振り替えます。本問では受取利息が該当します。

（受　取　利　息）	54,250	（損　　　　益）	54,250

2 勘定の締め切り

受取利息勘定および未収利息勘定を締め切ります。なお、未収利息勘定の貸借差額は次期繰越として処理します。

受　取　利　息

3/31	（損　　　益）	（54,250）	9/30	普通預金	（24,000）
			3/31	普通預金	（24,000）
			〃	未収利息	（6,250）
		（54,250）			（54,250）

未　収　利　息

3/31	（受 取 利 息）	（　6,250）	3/31	（次 期 繰 越）	（　6,250）
4/1	（前 期 繰 越）	（　6,250）			

2 補助簿の選択（日付の○印がすべて正解で各２点）

解　答

日付＼補助簿	現金出納帳	当座預金出納帳	商品有高帳	売掛金元帳（得意先元帳）	買掛金元帳（仕入先元帳）	受取手形記入帳	支払手形記入帳	仕入帳	売上帳	固定資産台帳	該当なし
12日						○					
15日	○		○	○		○			○		
22日		○								○	
28日		○	○		○		○	○			
30日	○				○		○				

解　説

1 12日の取引

（普 通 預 金）	200,000	（受 取 手 形）	200,000

受取手形 | **受取手形記入帳**

2 15日の取引

売上諸掛りについては、**発送費（費用）**として処理します。

（前 受 金）	50,000	（売 上）	600,000
（受 取 手 形）	200,000		
（売 掛 金）	350,000		
（発 送 費）	8,000	（現 金）	8,000

受取手形 | **受取手形記入帳**
売 掛 金 | **売掛金元帳**
売　　上 | **売上帳、商品有高帳**
50,000円＋200,000円＋350,000円＝**600,000円**
現　　金 | **現金出納帳**

3 22日の取引

（建　　物）	2,000,000	（前　払　金）	800,000
		（当 座 預 金）	1,200,000

建　　物｜**固定資産台帳**
当座預金｜**当座預金出納帳**
2,000,000円－800,000円＝**1,200,000円**

4 28日の取引

（仕　　入）	650,000	（当 座 預 金）	400,000
		（支 払 手 形）	200,000
		（買　掛　金）	50,000

仕　　入｜**仕入帳、商品有高帳**
当座預金｜**当座預金出納帳**
支払手形｜**支払手形記入帳**
買 掛 金｜**買掛金元帳**
650,000円－400,000円－200,000円＝**50,000円**

5 30日の取引

郵便書留による郵送料は、**通信費（費用）**として処理します。

（買　掛　金）	400,000	（支 払 手 形）	400,000
（通　信　費）	400	（現　　金）	400

買 掛 金｜**買掛金元帳**
支払手形｜**支払手形記入帳**
現　　金｜**現金出納帳**

第３問 解答　合計35点（ 各3点 、 各2点 ）

精　算　表

勘定科目	試算表		修正記入		損益計算書		貸借対照表	
	借　方	貸　方	借　方	貸　方	借　方	貸　方	借　方	貸　方
現　　金	223,200						223,200	
現金過不足	9,800			9,800				
普通預金	978,000			240,000			738,000	
当座預金	390,000			115,000			275,000	
売　掛　金	528,000						528,000	
繰越商品	418,200		480,000	418,200			480,000	
貸　付　金	1,500,000						1,500,000	
建　　物	960,000						960,000	
備　　品	300,000		240,000				540,000	
土　　地	1,500,000						1,500,000	
買　掛　金		447,000						447,000
電子記録債務		215,000	115,000					100,000
貸倒引当金		5,160		5,400				10,560
建物減価償却累計額		680,000		24,000				704,000
備品減価償却累計額		150,000		80,000				230,000
資　本　金		2,400,000						2,400,000
繰越利益剰余金		1,795,040						1,795,040
売　　上		3,900,000				3,900,000		
受取利息		24,000		10,000		34,000		
仕　　入	1,920,000		418,200	480,000	1,858,200			
給　　料	672,000				672,000			
保　険　料	126,000			10,000	116,000			
支払手数料	91,000		5,000		96,000			
	9,616,200	9,616,200						
貸倒引当金繰入			5,400		5,400			
減価償却費			104,000		104,000			
雑　（損）			4,800		4,800			
（前払）保険料			10,000				10,000	
（未収）利　息			10,000				10,000	
当期純（利益）					1,077,600			1,077,600
			1,392,400	1,392,400	3,934,000	3,934,000	6,764,200	6,764,200

第３問は30点を目標にして頑張りましょう！

第３問 解説

1 全体像の把握

精算表の作成の配点箇所は、主に損益計算書欄および貸借対照表欄と想定されています。したがって、決算整理事項等の仕訳を行ったさいは「修正記入欄」を記入後、そのまま損益計算書または貸借対照表まで記入し確実に得点を重ねていきましょう。

2 決算整理事項等

① 現金過不足に関する処理

現金の不足額のうち原因が判明した支払手数料については**支払手数料（費用）**で処理し、原因不明の金額については**雑損（費用）**で処理します。

（支払手数料）	5,000	（現金過不足）	9,800
（雑　　損）	4,800		

雑損｜9,800円－5,000円＝**4,800円**

② 備品に関する処理（未処理事項）

備品の購入に関する処理が未処理であるため、備品の購入に関する処理を行います。なお、購入した備品は３月より使用しているため、減価償却に関する処理も必要です。

（備　　品）	240,000	（普通預金）	240,000

③ 電子記録債務に関する処理（未処理事項）

掛代金などの債務を電子記録債務で処理している場合、期日到来時に**電子記録債務（負債）**の減少として処理します。

（電子記録債務）	115,000	（当座預金）	115,000

④ 貸倒引当金の設定に関する処理

売掛金の期末残高を基準に貸倒引当金を設定します。

（貸倒引当金繰入）	5,400	（貸倒引当金）	5,400

貸倒引当金繰入｜528,000円×２％＝10,560円
10,560円－5,160円＝**5,400円**

⑤ 売上原価に関する処理

期首の繰越商品を仕入に振り替えます。また、期末に在庫として残っている商品を仕入から繰越商品に振り替えて売上原価を計算します。

(仕　　　入)	418,200	(繰 越 商 品)	418,200
(繰 越 商 品)	480,000	(仕　　　入)	480,000

■仕入勘定と繰越商品勘定の流れ

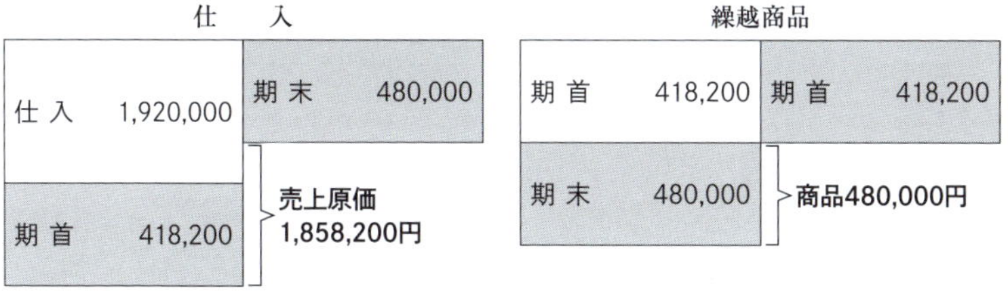

⑥ 減価償却に関する処理

建物および備品の減価償却費を計上します。

1. 建物に関する処理

(減 価 償 却 費)	24,000	(建物減価償却累計額)	24,000

減価償却費 | 960,000円÷40年＝**24,000円**

2. 備品に関する処理

(減 価 償 却 費)	80,000	(備品減価償却累計額)	80,000

減価償却費(既存分) | 300,000円÷４年＝75,000円

減価償却費(新規分) | $240{,}000円 \div 4年 \times \frac{1か月}{12か月} = 5{,}000円$

75,000円＋5,000円＝**80,000円**

⑦ 受取利息に関する処理(未収利息)

受取利息のうち、すでに経過しているにもかかわらず受け取っていない未収金額については**未収利息(資産)**の増加として処理します。

(未　収　利　息)	10,000	(受　取　利　息)	10,000

未収利息｜ $1,500,000円 \times 2\% \times \dfrac{4か月(\times 2年12月〜\times 3年3月)}{12か月(\times 2年12月〜\times 3年11月)} = \mathbf{10,000円}$

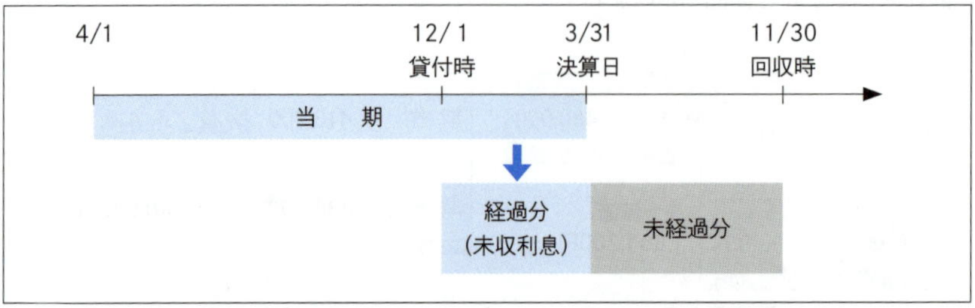

⑧ 保険料に関する処理(前払保険料)

保険料のうち、まだ経過していないにもかかわらず支払っている前払金額については、**前払保険料(資産)**の増加として処理します。

(前　払　保　険　料)	10,000	(保　険　料)	10,000

第3回 日商簿記3級予想問題　解答・解説

	第1問	第2問	第3問	合計
配　点	45点	20点	35点	100点
目標点	42点	16点	30点	88点
1回目	点	点	点	点
2回目	点	点	点	点

■解答順序とアドバイス

第1問（20分）

●まず問題文全体を確認し、時間配分を考慮して確実に解答できる問題から解きましょう。少しでも考えさせられる問題と判断したら後回しにしましょう。

●ネット試験の受験の場合、例えば、「普通預金」と「当座預金」など、似ている勘定科目のプルダウンでの選択ミスをしないように注意しましょう。

●統一試験の受験の場合、似ている勘定科目の記号の転記ミスに注意しましょう。答案用紙への転記の順序（例えば金額→記号など）をあらかじめ決めておきましょう。

●本問はすべて標準レベルの問題です。確実に正解できるように復習しましょう。

●証ひょうの問題（問15）は、問われる仕訳は基本的な内容ですので、得意分野になるまで繰り返し復習しましょう。

↓

第3問（25分）

●本問は貸借対照表と損益計算書の作成問題です。

●未処理事項や仕訳の誤記入がある場合、まずはその修正仕訳を行い、その後、貸倒引当金の設定や減価償却などの決算特有の処理を行いましょう。

↓

第2問（15分）

全体

●まず問題文全体を確認し、時間配分を考慮して確実に解答できる問題から解きましょう。少しでも考えさせられる問題と判断したら後回しにしましょう。

問1

●本問は損益勘定、資本金勘定、繰越利益剰余金勘定に関する一連の処理に関する出題です。

●取引の処理は平易な内容ですが、勘定記入に苦手意識のある方は計算用紙に仕訳を書いて解答しましょう。

問2

●伝票に関する問題は、一度マスターすれば得点しやすい内容です。

●3伝票制には起票方法として2つの取引があったとみなす方法（問2）、取引を分解する方法（問1）があります。問題を解く場合、まず、どちらの方法で起票しているかを整理して問題を解きましょう。

第1問 解答（仕訳1組につき各3点）

合計45点

	借方			貸方		
	記号		金額	記号		金額
1	ア	仕入	304,500	イ	前払金	30,000
				エ	買掛金	270,000
				オ	現金	4,500
2	オ	前受金	50,000	エ	売上	450,000
	ア	受取手形	100,000			
	ウ	売掛金	300,000			
3	オ	電子記録債権	560,000	ア	売掛金	560,000
4	エ	前受金	100,000	ウ	売掛金	500,000
	カ	貸倒損失	400,000			
5	イ	旅費交通費	1,200	ア	現金過不足	1,200
6	カ	当座預金中国銀行	1,000,000	ウ	現金	2,000,000
	ア	当座預金近畿銀行	1,000,000			
7	ウ	旅費交通費	1,200	ア	小口現金	3,000
	オ	通信費	1,000			
	エ	消耗品費	800			
8	ウ	手形貸付金	3,000,000	オ	当座預金	3,000,000
9	カ	旅費交通費	39,000	イ	仮払金	35,000
				ア	未払金	4,000
10	イ	消耗品費	30,000	オ	未払金	30,000
11	ウ	土地	5,100,000	オ	当座預金	8,160,000
	イ	建物	3,060,000			
12	ア	建物	4,200,000	オ	当座預金	5,000,000
	ウ	修繕費	800,000			
13	イ	所得税預り金	550,000	オ	現金	550,000
14	ア	普通預金	5,000,000	ウ	資本金	5,000,000
15	ウ	現金	250,000	ア	売上	500,000
	カ	受取手形	300,000	オ	仮受消費税	50,000

第1問は最低でも12問は正解してほしいね！

第1問 解説

1 仕入取引-手付金・仕入諸掛り

1 仕入先の仙台株式会社に注文していた商品¥300,000が到着し、商品代金のうち10%は手付金として支払済みのため相殺し、残額は掛けとした。なお、商品の引取運賃¥4,500は着払い（当社負担）となっているため現金で支払った。

- ✅手付金と相殺している場合、**前払金（資産）**の減少として処理します。
- ✅当社負担の仕入諸掛りについては、**仕入（費用）**に含めて処理します。

仕訳

（仕　　入）	304,500	（前　払　金）	30,000
		（買　掛　金）	270,000
		（現　　　金）	4,500

前払金｜300,000円×10％＝**30,000円**
買掛金｜300,000円－30,000円＝**270,000円**

仕入諸掛りの処理は全部で三種類ありますので、処理方法を整理しておきましょう。なお、問題文に指示がない場合は当社負担と考えましょう。

当社負担	**仕入（費用）**に含めて処理（←本問）
仕入先負担	**立替金（資産）**で処理
	買掛金（負債）を減額

2 売上取引-手付金・手形取引

2 得意先秋田株式会社に商品¥450,000を売り渡し、代金のうち¥50,000は注文時に受け取った手付金と相殺し、¥100,000は秋田株式会社振出し、当社を名宛人とする約束手形で受け取り、残額は掛けとした。

- ✅注文時に手付金を受け取っている場合、その商品を引き渡した時点で**売上（収益）**を計上するとともに、**前受金（負債）**を充当します。
- ✅他社振出しの約束手形を受け取っている場合、**受取手形（資産）**の増加として処理します。

仕訳

（前受金）	50,000	（売上）	450,000
（受取手形）	100,000		
（売掛金）	300,000		

売掛金 ┃ 450,000円－50,000円－100,000円＝**300,000円**

取引を「手付金の取引、手形取引、掛け取引」に分けて考えるのがポイントです。なお、手付金受取時の仕訳は、次のとおりです。

【手付金受取時の仕訳】

（現金など）	50,000	（前受金）	50,000

3 電子記録債権-発生時

3 取引銀行より得意先である長野株式会社に対する売掛金￥560,000について、電子債権記録機関において債権の発生記録が行われた旨の通知を受けた。

✓ 掛代金を電子記録債権で処理する場合、発生時に**売掛金（資産）**を減少させるとともに、**電子記録債権（資産）**で処理します。

仕訳

（電子記録債権）	560,000	（売掛金）	560,000

4 貸倒れ-当期販売分

4 得意先が倒産し、当期に販売した商品に対する売掛金￥500,000のうち￥100,000は、かねて注文を受けたさいに受け取っていた手付金と相殺し、残額は貸倒れとして処理した。

✓ 注文時に**前受金（負債）**を受け取っているのでその前受金と相殺し、残りの金額については**貸倒損失（費用）**で処理します。

仕訳

（前受金）	100,000	（売掛金）	500,000
（貸倒損失）	400,000		

貸倒損失 ┃ 500,000円－100,000円＝**400,000円**

貸倒れの問題が出題された場合、掛代金が「前期販売分」か「当期販売分」の違いで処理も変わります。商品の販売時期については、常に確認するようにしましょう。なお、手付金受取時の仕訳は、次のとおりです。

【手付金受取時の仕訳】

（現金など）	100,000	（前受金）	100,000

5 現金過不足-期中取引

5 先月末の実査において、現金の実際有高が帳簿残高よりも￥5,200不足していることが判明したため現金過不足として処理していたが、本日、旅費交通費￥1,200が記入漏れとなっていることが判明した。

☑ 現金過不足5,200円のうち、1,200円は旅費交通費の記入漏れと判明したので、その金額を**旅費交通費（費用）**として処理するとともに、現金過不足を減額します。

仕訳

（旅費交通費）	1,200	（現金過不足）	1,200

現金過不足の計上時は、次の仕訳をしています。

【現金過不足判明時の仕訳】

（現金過不足）	5,200	（現金）	5,200

6 預金に関する処理

6 中国銀行と近畿銀行に当座預金口座を開設し、それぞれの当座預金に現金￥1,000,000を預け入れた。なお、当社では資金管理のために口座ごとに銀行名を組み合わせた勘定科目を使用している。

☑ 問題文の指示により、銀行名を組み合わせた勘定科目を使用して処理します。

仕訳

（当座預金中国銀行）	1,000,000	（現金）	2,000,000
（当座預金近畿銀行）	1,000,000		

現金｜1,000,000円＋1,000,000円＝**2,000,000円**

7　小口現金に関する処理

7 用度係から、交通費￥1,200、通信費￥1,000および消耗品費￥800の小口現金の使用について報告を受けた。

用度係より小口現金の使用内訳につき報告を受けたので、**小口現金（資産）**の減少として処理します。

仕　訳

（旅費交通費）	1,200	（小口現金）	3,000
（通信費）	1,000		
（消耗品費）	800		

小口現金｜1,200円＋1,000円＋800円＝**3,000円**

小口現金の報告を受けたときの処理と、小口現金を補給したときの処理を間違わないよう注意しましょう。

8　手形貸付金-貸付時

8 福島株式会社に資金￥3,000,000を貸し付けるため、同社振出しの約束手形を受け取り、同日中に当社の当座預金から福島株式会社の普通預金口座に同額を振り込んだ。なお、利息は返済時に受け取ることとしている。

金銭の貸付時に手形を受け取る場合、**手形貸付金（資産）**の増加として処理します。

仕　訳

（手形貸付金）	3,000,000	（当座預金）	3,000,000

9 仮払金に関する処理

9 出張の精算を行ったところ、事前に概算額で仮払いしていた¥35,000では足りず、不足額¥4,000を従業員が立替払いしていた。この不足額は次の給料支払時に従業員へ支払うため、未払金として計上した。

- 概算額が確定した場合、確定金額を**旅費交通費（費用）**で処理するとともに、**仮払金（資産）**を減少させます。
- 本問では不足額が発生し、その不足額は給与支払時に支払うので**未払金（負債）**の増加として処理します。

仕　訳

（旅費交通費）	39,000	（仮　払　金）	35,000
		（未　払　金）	4,000

旅費交通費 | 35,000円＋4,000円＝**39,000円**

概算額の支払時は、次の仕訳をしています。

【概算額支払時の仕訳】

（仮　払　金）	35,000	（現金など）	35,000

10 消耗品に関する処理

10 事務用文房具一式を¥30,000で購入し、代金は後日支払うこととした。

- 事務用文房具のように短期間で使用されなくなってしまうものは**消耗品費（費用）**として処理します。
- 購入代金は後日支払うので、**未払金（負債）**の増加として処理します。

仕　訳

（消　耗　品　費）	30,000	（未　払　金）	30,000

11 固定資産-購入時

11 土地付き建物¥8,000,000（うち土地¥5,000,000、建物¥3,000,000）を購入し、売買手数料（それぞれの代金の２％）を加えた総額につき当座預金口座を通じて振り込んだ。

✓固定資産の取得原価は、固定資産の代金に購入手数料や整地費用などの付随費用を含めた金額をもって取得原価とします。

仕訳

（土　　　　　地）	5,100,000	（当　座　預　金）	8,160,000
（建　　　　　物）	3,060,000		

土地｜5,000,000円＋5,000,000円×２％＝**5,100,000円**
建物｜3,000,000円＋3,000,000円×２％＝**3,060,000円**

12 固定資産-改良･修繕

12 店舗として利用している建物の改良・修繕を行い、代金¥5,000,000を、当座預金口座を通じて支払った。なお、支払額のうち¥4,200,000は建物の価値を高める資本的支出であり、残額は機能維持のための収益的支出である。

✓建物の価値を高める改良の場合、資本的支出として**建物（資産）**の増加として処理します。
✓建物の機能維持のために修繕した場合、収益的支出として**修繕費（費用）**として処理します。

仕訳

（建　　　　　物）	4,200,000	（当　座　預　金）	5,000,000
（修　繕　費）	800,000		

修繕費｜5,000,000円－4,200,000円＝**800,000円**

例えば、雨漏りの修理や穴が開いた壁の修理など、建物の機能の維持や現状の回復を目的としたものを修繕といい、**修繕費（費用）**として処理します。
一方、建物の増築など、建物自体の価値を高める改良を行った場合は、その金額を**建物（資産）**の増加として処理します。
本試験では問題文に指示がありますので、その指示にしたがって考えましょう。

修　　　繕	**修繕費（費用）**として処理（収益的支出）
改　　　良	**建物（資産）**の増加として処理（資本的支出）

13 所得税の納付

13 従業員の給料から源泉徴収していた７月から12月までの所得税合計額￥550,000を、銀行において納付書とともに現金で納付した。ただし、この納付方法については所轄税務署より納期の特例を承認されている。

- 給料の支払時に源泉徴収していた所得税を納付するので、**所得税預り金（負債）**の減少として処理します。

仕　訳

（所得税預り金）	550,000	（現　　　金）	550,000

給料の支払時は、源泉徴収額を差し引いた金額を支給します。

【給料支払時の仕訳】

（給　　　料）	××,×××	（所得税預り金）	××,×××
		（現 金 な ど）	××,×××

この源泉した所得税は原則として徴収した日の翌月10日までに税務署へ納付しますが、一定の条件を満たせば年2回にまとめて源泉所得税を納付することができます。この特例制度を納期の特例といいます。

14 会社設立時の処理

14 １株あたり￥10,000で500株の株式を発行し、合計￥5,000,000の払込みを受けて株式会社を設立した。なお、払込金はすべて普通預金口座に預け入れられた。

- 会社を設立した場合、その払込金額は原則として**資本金（資本）**の増加として処理します。
- 払込金は普通預金としているため**普通預金（資産）**の増加として処理します。

仕　訳

（普　通　預　金）	5,000,000	（資　本　金）	5,000,000

15 証ひょう-小切手・手形

15 得意先の鎌倉物産株式会社へ商品¥550,000（消費税¥50,000を含む）を売り渡し、代金として以下のとおり受け取った。なお、消費税は税抜方式で記帳している。

Bank

小　切　手

支払地
神奈川銀行鎌倉支店
¥250, 000※
上記の金額をこの小切手と引替に
持参人へお支払いください。
振出日　X1年7月7日
振出地　神奈川県鎌倉市
鎌倉物産株式会社
振出人　代表取締役　豊島　潤平　㊞

約　束　手　形

収　入
印　紙
200円
㊞

株式会社静岡商事　殿

¥300, 000※

支払期日　X1年8月31日
支払地　神奈川県鎌倉市
支払場所
神奈川銀行鎌倉支店

上記金額をあなたまたはあなたの指図人へこの約束手形と引替えに
お支払いいたします
振出地　神奈川県鎌倉市○○
振出人　鎌倉物産株式会社
代表取締役　豊島　潤平　㊞

- 得意先振出しの小切手を受け取っているので、**現金（資産）**の増加として処理します。
- 得意先振出しの約束手形を受け取っているので、**受取手形（資産）**の増加として処理します。

仕訳

（現　　　金）	250,000	（売　　　上）	500,000
（受 取 手 形）	300,000	（仮 受 消 費 税）	50,000

売上 | 550,000円－50,000円＝**500,000円**

第２問 解答 合計20点

1 勘定記入（各３点）

解　答

損　　益

3/31	仕　入	（ 3,350,000 ）	3/31	売　上	（ 4,200,000 ）
〃	給　料	800,000	〃	受取手数料	350,000
〃	減価償却費	140,000			
〃	支払利息	10,000			
〃	（エ 法人税等）	（ 75,000 ）			
〃	（ウ繰越利益剰余金）	（ 175,000 ）			
		（ 4,550,000 ）			（ 4,550,000 ）

資　本　金

3/31	（カ 次期繰越）	（ 7,500,000 ）	4/1	（ア 前期繰越）	5,000,000
			2/1	普通預金	（ 2,500,000 ）
		（ 7,500,000 ）			（ 7,500,000 ）

繰越利益剰余金

6/25	諸　口	120,000	4/1	（ア 前期繰越）	200,000
3/31	（カ 次期繰越）	（ 255,000 ）	3/31	（イ 損　益）	（ 175,000 ）
		（ 375,000 ）			（ 375,000 ）

解　説

1 期中取引

２月１日に増資を実施しているため、**資本金（資本）**の増加として処理します。

（普　通　預　金）	2,500,000	（資　本　金）	2,500,000

2 決算整理仕訳

期中取引を確認後、損益勘定の売上高、および仕入高を計算し、損益勘定を完成させます。

①売上高の計算

売上高は、総売上高から売上戻り高などを控除した純売上高となります。

売上 | 純売上高 **4,200,000円**

② 売上原価の計算

決算整理前の仕入に期首商品棚卸高を加算し、さらに期末商品棚卸高を減算して売上原価を計算します。なお、仕入高は仕入戻し高などを控除した純仕入高で計算します。

(仕　　　　入)	700,000	(繰　越　商　品)	700,000
(繰　越　商　品)	850,000	(仕　　　　入)	850,000

売上原価｜700,000円＋3,500,000円－850,000円＝**3,350,000円**
期首商品　純仕入高　期末商品　売上原価

③ 法人税、住民税及び事業税の計算

(法　人　税　等)	75,000	(未払法人税等)	75,000

法人税等｜4,550,000円－(3,350,000円＋800,000円＋140,000円＋10,000円)＝250,000円
収益合計　税引前当期純利益

250,000円×30％＝**75,000円**

④ 損益勘定への振り替え

収益に関する勘定は損益勘定の貸方に記入し損益勘定へ振り替えます。一方、費用に関する勘定は損益勘定の借方へ記入して損益勘定へ振り替えます。

(売　　　　上)	4,200,000	(損　　　　益)	4,550,000
(受取手数料)	350,000		
(損　　　　益)	4,375,000	(仕　　　　入)	3,350,000
		(給　　　　料)	800,000
		(減価償却費)	140,000
		(支　払　利　息)	10,000
		(法　人　税　等)	75,000

⑤ 繰越利益剰余金への振り替え

損益勘定の貸借差額で当期純利益を計算し、**繰越利益剰余金**へ振り替えます。

(損　　　　益)	175,000	(繰越利益剰余金)	175,000

繰越利益剰余金｜4,550,000円－4,375,000円＝**175,000円**
収益合計　費用合計　繰越利益剰余金

⑥ 各勘定の締め切り

収益項目は損益勘定の貸方に記入し、費用項目は損益勘定の借方へ記入します。そして、損益勘定の貸借差額を繰越利益剰余金に振り替え、各勘定を締め切ります。

2 伝票(各4点)

解　答

問1

（ア 出 金 ）伝　票	
科　　目	金　　額
仕　　入	（ 200,000）

（ウ 振 替 ）伝　票			
借方科目	金　　額	貸方科目	金　　額
（キ 仕　入）	（ 300,000）	（オ 買 掛 金）	（ 300,000）

問2

（イ 入 金 ）伝　票	
科　　目	金　　額
（エ 売 掛 金）	（ 250,000）

（ウ 振 替 ）伝　票			
借方科目	金　　額	貸方科目	金　　額
（エ 売 掛 金）	（ 850,000）	（ク 売　上）	850,000

解　説

1 全体像の把握

一部現金取引には、「取引を分解して起票する方法」と、「全額を掛取引と仮定して起票する方法」があります。本問のようなどちらの方法か判断できない場合、この両方の方法で仕訳を行い、どちらの方法で起票されているか推定する必要があります。

2 問1の取引の場合

本問の仕訳を二種類の仕訳で考えると、次のようになります。
まず、本問では現金を支払っているので**出金伝票**が必要だと判断できます。次に、問題の出金伝票の科目欄は仕入勘定ですので、「**取引を分解して起票する方法**」で起票していると判断できます。

① 取引を分解して起票する方法(本問)

(仕　　入)	200,000	(現　　金)	200,000
(仕　　入)	300,000	(買　掛　金)	300,000

出　金 伝　票	
科　　目	金　　額
仕　　入	**200,000**

振　替 伝　票			
借方科目	金　　額	貸方科目	金　　額
仕　　入	**300,000**	**買　掛　金**	**300,000**

② 全額を掛取引と仮定して起票する方法

(仕　　入)	500,000	(買　掛　金)	500,000
(買　掛　金)	200,000	(現　　金)	200,000

出　金　伝　票	
科　　目	金　　額
買　掛　金	200,000

振　替　伝　票			
借方科目	金　　額	貸方科目	金　　額
仕　　入	500,000	買　掛　金	500,000

3 問2の取引の場合

本問の仕訳を二種類の方法で考えると、次のようになります。
まず、本問では現金を受け取っているので**入金伝票**が必要だと判断できます。次に、問題の振替伝票の金額欄は850,000円ですので、「**全額を掛取引と仮定して起票する方法**」で起票していると判断できます。

① 取引を分解して起票する方法

(現　　金)	250,000	(売　　上)	250,000
(売　掛　金)	600,000	(売　　上)	600,000

入　金　伝　票	
科　　目	金　　額
売　　上	250,000

振　替　伝　票			
借方科目	金　　額	貸方科目	金　　額
売　掛　金	600,000	売　　上	600,000

②全額を掛取引と仮定して起票する方法（本問）

（売　掛　金）	850,000	（売　　上）	850,000
（現　　金）	250,000	（売　掛　金）	250,000

入　金　伝　票	
科　　目	金　　額
売　掛　金	**250,000**

振　替　伝　票			
借方科目	金　　額	貸方科目	金　　額
売　掛　金	**850,000**	**売　　上**	850,000

第3問 解答

合計35点（ 各3点 、 各2点 ）

貸借対照表

×3年3月31日

（単位：円）

現　　　金		556,250	買　掛　金	(2,050,000)
普通預金		(2,025,000)	未　払　金	(2,035,000)
定期預金		1,300,000	未払法人税等	(190,000)
売　掛　金	(3,550,000)		資　本　金	7,000,000
貸倒引当金	△(106,500)	(3,443,500)	繰越利益剰余金	(1,878,115)
商　　　品		(350,000)		
（前払）費用		(68,000)		
（未収）収益		(7,865)		
貸　付　金		612,500		
建　　　物	(4,500,000)			
減価償却累計額	△(1,950,000)	(2,550,000)		
備　　　品	(1,200,000)			
減価償却累計額	△(960,000)	(240,000)		
土　　　地		2,000,000		
		(13,153,115)		(13,153,115)

損益計算書

×2年4月1日から×3年3月31日まで

（単位：円）

売上原価	(3,720,000)	売　上　高	11,500,000
給　　　料	(5,600,000)	受取利息	(20,115)
旅費交通費	(371,000)	貸倒引当金（戻入）	(3,500)
支払家賃	(204,000)	固定資産売却益	(75,000)
減価償却費	(390,000)		
法人税等	(390,000)		
当期純（利益）	(923,615)		
	(11,598,615)		(11,598,615)

第3問は30点を目標にして頑張りましょう！

第3問 解説

1 全体像の把握

貸借対照表と損益計算書の作成で、決算整理事項は標準的なレベルです。ただし、誤記入、経過勘定の処理など一部読み取りづらい内容もありますので、解答しやすい部分から解答しましょう。

2 決算整理事項等

① 旅費交通費に関する処理(未処理事項)

問題文の指示にしたがい、従業員が立替払いした旅費交通費は**未払金（負債）**の増加として処理します。

（旅 費 交 通 費）	35,000	（未 払 金）	35,000

② 土地の購入に関する処理(誤処理)

期中に誤った仕訳をしているので、決算時にその誤処理を修正します。

1. 誤った仕訳(帳簿に記入されている仕訳)

未払金（負債）で処理しなければならないところ、買掛金で処理しています。

（土 地）	750,000	（買 掛 金）	750,000

2. 本来あるべき仕訳

商品以外の購入なので、買掛金ではなく**未払金（負債）**の増加として処理します。

（土 地）	750,000	（未 払 金）	750,000

3. 修正仕訳(1.の仕訳を2.の形に修正するための仕訳)

①の買掛金を減少させるとともに、**未払金（負債）の増加**として処理します。

（買 掛 金）	750,000	（未 払 金）	750,000

③ 備品の売却に関する処理(誤処理)

期中で誤った仕訳をしているので、決算時にその誤処理を修正します。

1. 誤った仕訳(帳簿に記入されている仕訳)

備品減価償却累計額を考慮しなければならないところ、考慮しないで売却損を計上しています。

(現　　　　　金)	315,000	(備　　　　　品)	600,000
(固定資産売却損)	285,000		

2. 本来あるべき仕訳

備品減価償却累計額を考慮して処理します。

(現　　　　　金)	315,000	(備　　　　　品)	600,000
(備品減価償却累計額)	360,000	(固定資産売却益)	75,000

3. 修正仕訳（1.の仕訳を2.の形に修正するための仕訳）

減価償却累計額、固定資産売却損を減少させるとともに、**固定資産売却益（収益）**として処理します。

(備品減価償却累計額)	360,000	(固定資産売却損)	285,000
		(固定資産売却益)	75,000

④ 貸倒引当金の設定に関する処理

売掛金の期末残高を基準に貸倒引当金を設定します。本問では貸倒引当金残高が設定額を上回っているため、**貸倒引当金戻入（収益）**として処理します。

(貸　倒　引　当　金)	3,500	(貸倒引当金戻入)	3,500

貸倒引当金戻入
3,550,000円×３％＝106,500円
110,000円－106,500円＝**3,500円（戻入）**

⑤ 売上原価に関する処理

期首の繰越商品を仕入に振り替えます。また、期末に在庫として残っている商品を仕入から繰越商品に振り替えて売上原価を計算します。

(仕　　　　　入)	220,000	(繰　越　商　品)	220,000
(繰　越　商　品)	350,000	(仕　　　　　入)	350,000

■仕入勘定と繰越商品勘定の流れ

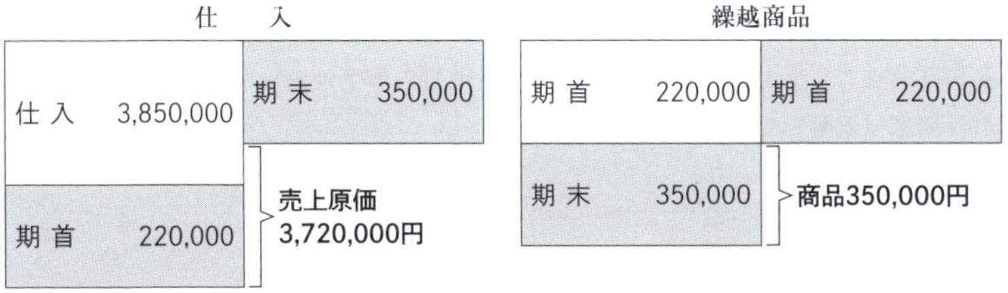

⑥ 減価償却に関する処理

建物および備品の減価償却費を計上します。

1. 建物に関する処理

(減 価 償 却 費) 150,000	(建物減価償却累計額) 150,000

減価償却費 | 4,500,000円÷30年＝**150,000円**

2. 備品に関する処理

(減 価 償 却 費) 240,000	(備品減価償却累計額) 240,000

減価償却費 | 1,200,000円÷５年＝**240,000円**
減価償却累計額(備品) | 1,080,000円－360,000円＋240,000円＝**960,000円**

⑦ 支払家賃に関する処理(前払家賃)

支払家賃のうち、まだ経過していないにもかかわらず支払っている前払金額については**前払家賃（資産）**で処理します。

(前 払 家 賃) 68,000	(支 払 家 賃) 68,000

前払家賃 | $272{,}000円 \times \dfrac{4か月(\times3年4月〜\times3年7月)}{16か月(\times2年4月〜\times3年7月)}$ ＝**68,000円**

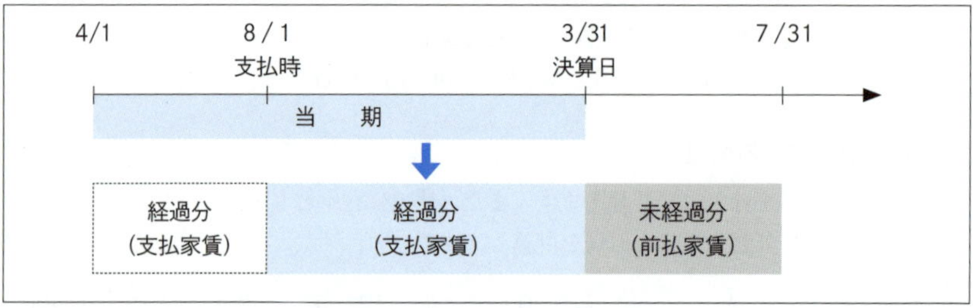

本問では、「毎期同額」を１年分前払いしているので、決算整理前残高試算表には16か月分計上されていることに注意しましょう。

⑧ 受取利息に関する処理(未収利息)

受取利息のうち、すでに経過しているにもかかわらず受け取っていない未収金額については**未収利息（資産）**で処理します。

(未 収 利 息) 7,865	(受 取 利 息) 7,865

未収利息 | $1{,}300{,}000円 \times 1.825\% \times \dfrac{121日}{365日}$ ＝**7,865円**

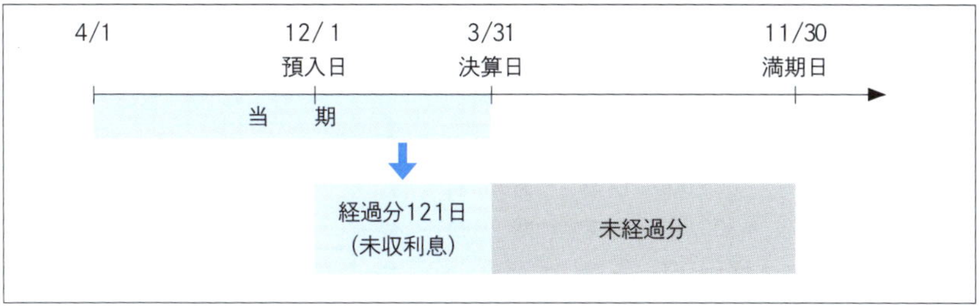

⑨ 法人税に関する処理

法人税を計上する場合、**仮払法人税等（資産）**がある場合はその金額を充当し、不足金額について**未払法人税等（負債）**の増加として処理します。

(法　人　税　等)	390,000	(仮 払 法 人 税 等)	200,000
		(未 払 法 人 税 等)	190,000

未払法人税等 ┃ 390,000円－200,000円＝**190,000円**

3 貸借対照表と損益計算書の作成

残高試算表の金額に決算整理事項等を考慮した金額で作成します。なお、貸借対照表の繰越利益剰余金と損益計算書の当期純利益の関係は次のとおりです。

■当期純利益と繰越利益剰余金の関係

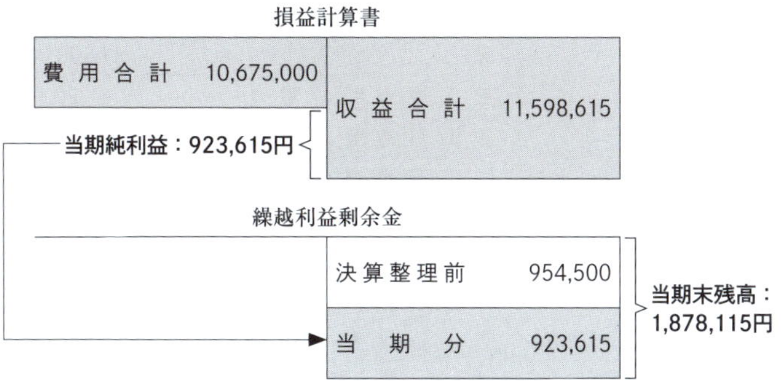

本問で決算整理後残高試算表を作成した場合、次のようになります。貸借対照表、損益計算書との違いを確認しておきましょう。

【参考】決算整理後残高試算表

残高試算表

借方残高	勘定科目	貸方残高
556,250	現金	
2,025,000	普通預金	
1,300,000	定期預金	
3,550,000	売掛金	
350,000	繰越商品	
68,000	前払家賃	
7,865	未収利息	
612,500	貸付金	
4,500,000	建物	
1,200,000	備品	
2,000,000	土地	
	買掛金	2,050,000
	未払金	2,035,000
	未払法人税等	190,000
	貸倒引当金	106,500
	建物減価償却累計額	1,950,000
	備品減価償却累計額	960,000
	資本金	7,000,000
	繰越利益剰余金	954,500
	売上	11,500,000
	受取利息	20,115
	貸倒引当金戻入	3,500
	固定資産売却益	75,000
3,720,000	仕入	
5,600,000	給料	
371,000	旅費交通費	
204,000	支払家賃	
390,000	減価償却費	
390,000	法人税等	
26,844,615		26,844,615

第4回 日商簿記3級予想問題 解答・解説

	第1問	第2問	第3問	合計
配　点	45点	20点	35点	100点
目標点	36点	14点	30点	80点
1回目	点	点	点	点
2回目	点	点	点	点

解答順序とアドバイス

第1問（20分）

- まず問題文全体を確認し、時間配分を考慮して確実に解答できる問題から解きましょう。少しでも考えさせられる問題と判断したら後回しにしましょう。
- ネット試験の受験の場合、例えば、「普通預金」と「当座預金」など、似ている勘定科目のプルダウンでの選択ミスをしないように注意しましょう。
- 統一試験の受験の場合、似ている勘定科目の記号の転記ミスに注意しましょう。答案用紙への転記の順序（例えば金額→記号など）をあらかじめ決めておきましょう。
- 問4、問6を除き標準レベルの問題です。標準レベルの問題は正解できるように復習しましょう。
- 証ひょうの問題（問7、問15）は、問われる仕訳は基本的な内容ですので、得意分野になるまで繰り返し復習しましょう。

↓

第3問（25分）

- 本問は決算整理後残高試算表の作成問題です。
- 貯蔵品、当座借越の処理、電子記録債権などは出題の可能性が高いので、必ず解けるよう準備しておきましょう。

↓

第2問（15分）

全体

- まず問題文全体を確認し、時間配分を考慮して確実に解答できる問題から解きましょう。少しでも考えさせられる問題と判断したら後回しにしましょう。

問1

- 本問は保険料に関する一連の処理に関する出題です。
- 取引の処理は平易な内容ですが、勘定記入に苦手意識のある方は計算用紙に仕訳を書いて解答しましょう。

問2

- 証ひょうの読み取りからの仕訳問題は、資料の読み取りさえできれば得点しやすい内容です。
- 読み取り方法については取引の日付に着目し、日付ごとに情報をまとめ、簡単な仕訳から解いて得点を重ねましょう。

第1問 解答（仕訳1組につき各3点） 合計45点

	借方			貸方		
	記号		金額	記号		金額
1	カ	仕入	400,000	ア	現金	100,000
				エ	買掛金	300,000
2	ア	現金	20,000	カ	売上	30,000
	エ	売掛金	13,000	オ	仮受消費税	3,000
3	ウ	電子記録債務	180,000	イ	当座預金	180,000
4	ウ	現金	20,000	ア	貸倒損失	20,000
5	エ	普通預金	125,000	イ	受取商品券	125,000
6	イ	旅費交通費	5,500	カ	現金	29,500
	エ	支払手数料	8,200	オ	受取手数料	1,800
	ア	雑損	17,600			
7	エ	売掛金	46,200	ア	売上	46,200
8	オ	当座預金	850,000	ア	普通預金	850,000
	エ	定期預金	2,500,000	ウ	現金	2,500,000
9	ウ	当座預金	2,910,000	ア	手形借入金	3,000,000
	カ	支払利息	90,000			
10	オ	仮受金	200,000	イ	売掛金	90,000
				ウ	前受金	110,000
11	ア	備品減価償却累計額	400,000	ウ	備品	600,000
	イ	未収入金	50,000			
	カ	固定資産売却損	150,000			
12	ウ	法定福利費	60,000	カ	普通預金	120,000
	ア	社会保険料預り金	60,000			
13	ア	繰越利益剰余金	330,000	エ	未払配当金	300,000
				ウ	利益準備金	30,000
14	オ	広告宣伝費	135,000	エ	普通預金	135,350
	ウ	支払手数料	350			
15	イ	クレジット売掛金	428,000	エ	売上	618,000
	オ	現金	251,800	ウ	仮受消費税	61,800

第1問は最低でも12問は正解してほしいね！

第1問 解説

1 仕入取引-他人振出小切手

1 商品¥400,000を**仕入**れ、代金のうち¥100,000は以前に受け取って保管していた他社振出の**小切手**を手渡し、残額は**掛け**とした。

✅以前に受け取り、そのまま保管していた他社振出小切手を渡しているので、**現金（資産）**の減少として処理します。

仕訳

（仕　　　入）	400,000	（現　　　金）	100,000
		（買　掛　金）	300,000

買掛金 | 400,000円－100,000円＝**300,000円**

小切手は通貨代用証券であり、小切手を受け取ったときの仕訳は現金で処理します。そして、その受け取った小切手をそのまま渡しているので**現金（資産）**の減少となります。自己振出小切手の場合は**当座預金（資産）**で処理するので、その違いに注意しましょう。

【他人振出小切手受取時の仕訳】

（現　　　金）	100,000	（売 上 な ど）	100,000

	受取時	支払時
他人振出小切手	**現金（資産）**の増加	**現金（資産）**の減少
自己振出小切手	**当座預金（資産）**の増加	**当座預金（資産）**の減少

2 売上取引-他人振出小切手・消費税

2 甲府株式会社に商品¥30,000（税抜価格）を**売り上げ**、代金のうち¥20,000は甲府株式会社が振り出した**小切手**を受け取り、残額は**掛け**とした。なお、消費税率は10%で税抜方式により記帳している。

✅他人振出小切手を受け取った場合、**現金（資産）**として処理します。

✅商品販売時に受け取った消費税は、**仮受消費税（負債）**として処理します。

仕　訳

（現　　　　金）	20,000	（売　　　　上）	30,000
（売　掛　金）	13,000	（仮受消費税）	3,000

仮受消費税｜30,000円×10％＝**3,000円**
売　掛　金｜**貸借差額**

3　電子記録債務-期日到来時

3 電子債権記録機関に発生記録した債務¥180,000の支払期日が到来したので、当座預金口座から引き落とされた。

✔掛代金などの債務を電子記録債務で処理している場合、期日到来時に**電子記録債務（負債）**の減少として処理します。

仕　訳

（電子記録債務）	180,000	（当　座　預　金）	180,000

4　貸倒れ-当期販売分

4 当期に販売した商品に対する売掛金¥170,000が貸し倒れたため全額を貸倒損失で処理していたが、このうち¥20,000を現金で回収した。なお、貸倒引当金の残高は¥220,000である。

✔当期に貸倒れ判明時に**貸倒損失（費用）**として処理しているので、回収できた金額については**貸倒損失（費用）**を取り消す処理をします。

仕　訳

（現　　　　金）	20,000	（貸　倒　損　失）	20,000

当期発生の貸倒れに関する問題です。本問は貸倒金額が一部回収できたケースの問題ですが、まずは貸倒時の仕訳を完全にマスターしてから本問に挑戦しましょう。なお、貸倒時の仕訳は、次のとおりです。

【貸倒時の仕訳】

（貸　倒　損　失）	170,000	（売　掛　金）	170,000

5 売上取引-商品券

5 売上代金として受け取った自治体発行の商品券¥125,000を引き渡して換金請求を行い、ただちに同額が普通預金口座に振り込まれた。

✓商品券を換金請求したときは、**受取商品券（資産）**の減少として処理します。

仕 訳

（普通預金）	125,000	（受取商品券）	125,000

6 現金過不足-決算時

6 決算において、現金の手許有高を調べたところ、帳簿残高は¥225,000であるのに対して、実際有高は¥195,500であった。原因を調査した結果、旅費交通費¥5,500、支払手数料¥8,200、および受取手数料¥1,800の記入漏れが判明した。なお、残りの金額は原因が不明であるため、適切な処理を行う。

✓帳簿残高と実際有高の不一致の原因となった、**旅費交通費（費用）、支払手数料（費用）、受取手数料（収益）**に関する処理を行います。

✓貸借差額（本問では借方）については**雑損（費用）**として処理します。

仕 訳

（旅費交通費）	5,500	（現金）	29,500
（支払手数料）	8,200	（受取手数料）	1,800
（雑損）	17,600		

雑損 | 225,000円－5,500円－8,200円＋1,800円－195,500円＝**17,600円**

本問は期末で帳簿残高と実際有高の差額を調査し、適切な処理を求めています。上記の処理を分解して仕訳すると次のようになります。

【旅費交通費に関する仕訳】

（旅費交通費）	5,500	（現金）	5,500

【支払手数料に関する仕訳】

（支払手数料）	8,200	（現金）	8,200

【受取手数料に関する仕訳】

（現金）	1,800	（受取手数料）	1,800

【原因不明額に関する仕訳】

（雑損）	17,600	（現金）	17,600

雑損：(225,000円－5,500円－8,200円＋1,800円)－195,500円＝**17,600円(貸借差額)**

帳簿残高　原因判明分　実際有高　原因不明分

7 証ひょう-請求書(控)

7 熊本株式会社に対する1か月分の売上を集計して次の請求書の原本を発送した。なお、熊本株式会社に対する売上は商品発送時ではなく1か月分をまとめて仕訳を行うこととしているため、適切に処理を行う。

請求書（控）

熊本株式会社　御中

株式会社大分商事

品物	数量	単価	金額
味噌ラーメン（真空パック）	100	150	¥ 15,000
醤油ラーメン（真空パック）	60	120	¥ 7,200
とんこつラーメン（真空パック）	120	200	¥ 24,000
	合計		¥ 46,200

X8年11月30日までに合計額を下記口座へお振込み下さい。
南日本銀行大分駅前支店　当座　1175963　カ）オオイタショウジ

- 問題文の指示にしたがって、1か月分の合計額を**売上（収益）**として処理します。
- 販売代金は後日受け取るので、**売掛金（資産）**の増加として処理します。

仕訳

（売掛金）	46,200	（売上）	46,200

8 預金に関する処理

8 当座預金口座を開設し、普通預金口座から¥850,000を預け入れた。また、口座開設と同時に当座借越契約（限度額¥2,500,000）を締結し、その担保として¥2,500,000を現金で定期預金口座へ預け入れた。

- 当座預金口座を開設した場合、**当座預金（資産）**の増加として処理します。
- 定期預金口座へ預け入れた場合、**定期預金（資産）**の増加として処理します。

仕訳

（当座預金）	850,000	（普通預金）	850,000
（定期預金）	2,500,000	（現金）	2,500,000

9 手形借入金-借入時

9 四国銀行から￥3,000,000を借り入れ、同額の約束手形を振り出し、利息￥90,000を差し引かれた残額が当座預金口座に振り込まれた。

- 金銭の借入時に手形を振り出す場合、**手形借入金（負債）**の増加として処理します。

仕訳

（当座預金）	2,910,000	（手形借入金）	3,000,000
（支払利息）	90,000		

当座預金 | 3,000,000円－90,000円＝**2,910,000円**

10 仮受金に関する処理

10 従業員が出張から戻り、さきの当座預金口座への￥200,000の入金は、得意先秋田商事からの売掛金￥90,000の回収および得意先青森商事から受け取った手付金￥110,000であることが判明した。なお、入金時には内容不明の入金として処理してある。

- 内容不明の入金の内訳が判明した場合、**仮受金（負債）**の減少として処理します。
- 得意先からの回収額については、**売掛金（資産）**の減少として処理します。
- 得意先からの手付金については、**前受金（負債）**の増加として処理します。

仕訳

（仮受金）	200,000	（売掛金）	90,000
		（前受金）	110,000

入金時に**仮受金（負債）**で処理をしているため、原因判明時に仮受金の減少として処理します。

【入金時の仕訳】

（当座預金）	200,000	（仮受金）	200,000

11 固定資産-売却時

11 備品（取得原価¥600,000、減価償却累計額¥400,000、間接法で記帳）を期首に¥50,000で売却した。なお、代金は月末に受け取ることとした。

- 期首に備品を売却しているため、**備品（資産）**が減少するとともにと**備品減価償却累計額**が減少します。
- 商品売買以外の取引のため、売却代金は**未収入金（資産）**の増加として処理します。

仕訳

（備品減価償却累計額）	400,000	（備　　　品）	600,000
（未　収　入　金）	50,000		
（固定資産売却損）	150,000		

固定資産売却損 | 600,000円－400,000円－50,000円＝**150,000円**

固定資産の売却には、期首に売却する場合と期中に売却する場合があります。期中に売却する場合、減価償却費の計算も必要になりますので、本問とその違いを理解しておきましょう。

12 社会保険料の納付

12 従業員にかかる社会保険料¥120,000を普通預金口座から納付した。このうち従業員負担分¥60,000は、社会保険料預り金からの支出であり、残額は会社負担分である。

- 健康保険料や厚生年金などの社会保険料の掛け金は、通常は労使折半で支払います。したがって、従業員負担分は**社会保険料預り金（負債）**の減少として処理し、会社負担分は**法定福利費（費用）**で処理します。

仕訳

（法　定　福　利　費）	60,000	（普　通　預　金）	120,000
（社会保険料預り金）	60,000		

法定福利費 | 120,000円－60,000円＝**60,000円**

13 剰余金の配当・処分

13 株主総会で繰越利益剰余金¥2,500,000の一部を次のとおり処分することが承認された。

株主配当金：¥300,000

利益準備金の積立て：¥30,000

✓株主総会によって決議された場合、社外流出する株主配当金は**未払配当金（負債）**の増加として処理します。また、内部留保される積立額は**利益準備金（資本）**の増加として処理します。

仕 訳

（繰越利益剰余金）	330,000	（未払配当金）	300,000
		（利益準備金）	30,000

繰越利益剰余金 | 300,000円＋30,000円＝**330,000円**

14 広告宣伝費に関する処理

14 広告宣伝費¥135,000を普通預金口座から支払った。また、振込手数料として¥350が同口座から引き落とされた。

✓広告宣伝費を支払った場合、**広告宣伝費（費用）**として処理します。

✓振込手数料が引き落とされた場合、**支払手数料（費用）**として処理します。

仕 訳

（広告宣伝費）	135,000	（普通預金）	135,350
（支払手数料）	350		

普通預金 | 135,000円＋350円＝**135,350円**

15 証ひょう-売上集計表

15 当社販売店における５月20日の売上は次の通りであった。なお、合計額のうち¥428,000はクレジットカード、残りは現金による決済であった。なお、消費税は税抜方式で記帳している。

売上集計表

X1年５月20日

品　　物	数量	単価	金額
ビジネススーツ	12	39,000	¥ 468,000
ビジネスリュック	15	6,800	¥ 102,000
ビジネスシューズ	10	4,800	¥ 48,000
	消費税		¥ 61,800
	合計		¥ 679,800

✔ 問題文の指示にしたがって、**クレジット売掛金（資産）**、および**現金（資産）**の増加として処理します。

仕　訳

（クレジット売掛金）	428,000	（売　　　上）	618,000
（現　　　金）	251,800	（仮受消費税）	61,800

売上｜468,000円＋102,000円＋48,000円＝**618,000円**

現金｜679,800円－428,000円＝**251,800円**

第2問 解答 合計20点

1 勘定記入(各2点)

解 答

①	②	③	④	⑤
25,200	[イ]	61,800	24,000	[オ]

解 説

1 取引の仕訳

再振替仕訳、期中取引および決算整理仕訳を行い勘定科目に転記します。

① 4月1日 再振替仕訳

期首に再振替仕訳をします。なお、毎年12月１日に向こう１年分を支払っているため、未経過の８か月分（４月１日～11月30日）につき再振替仕訳をします。

（保険料）	24,000	（前払保険料）	24,000

前払保険料　$36{,}000円 \times \dfrac{8か月(4月1日～11月30日)}{12か月(12月1日～11月30日)} = \mathbf{24{,}000円}$

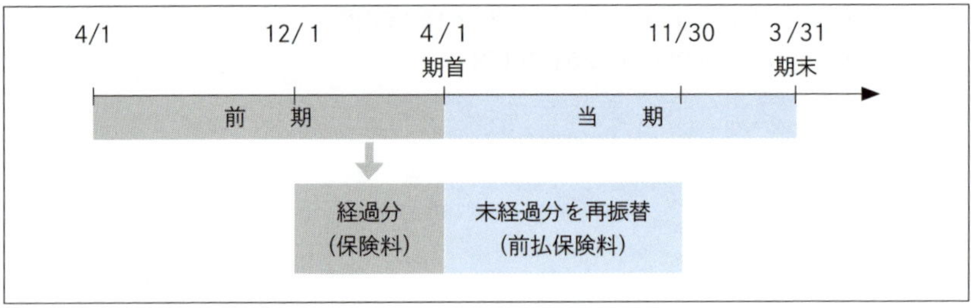

② 12月１日 保険料の支払いに関する処理

保険料の支払いに関する仕訳をします。なお、本年度より支払額が５％アップして37,800円となります。

（保険料）	37,800	（現金）	37,800

③ 3月31日 決算整理仕訳

期末に決算整理仕訳をします。本年度より12月１日に37,800円の支払いをしているので、未経過の８か月分（４月１日～11月30日）を**前払保険料（資産）**の増加として処理します。

（前払保険料）	25,200	（保　　険　　料）	25,200

前払保険料 ｜ $37{,}800円 \times \dfrac{8か月（4月1日〜11月30日）}{12か月（12月1日〜11月30日）} = \mathbf{25{,}200円}$

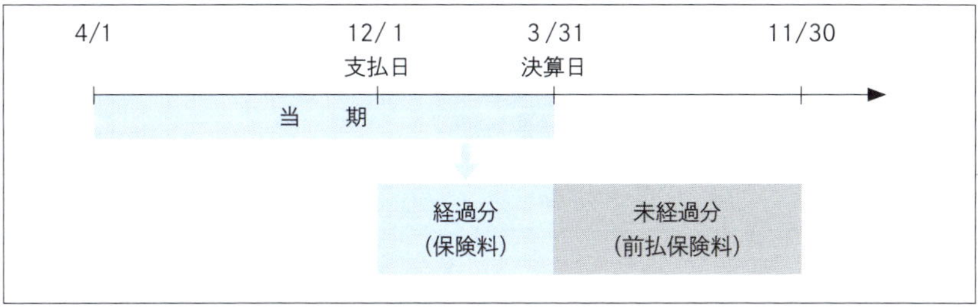

④ 決算振替仕訳

収益項目および費用項目を損益勘定に振り替えます。本問では**保険料（費用）**を損益勘定へ振り替えます。

（損　　　益）	36,600	（保　　険　　料）	36,600

損益 ｜ **貸借差額**

2 勘定の締め切り

保険料勘定および前払保険料勘定を締め切ります。なお、前払保険料勘定の貸借差額は次期繰越として処理します。

3 次年度の再振替仕訳

前期に**前払保険料（資産）**として振り替えた25,200円につき再振替仕訳をします。

（保　　険　　料）	25,200	（前払保険料）	25,200

上記の仕訳をすべて転記すると、勘定科目は次のようになります。
仕訳自体は簡単ですがケアレスミスをしやすいので、計算用紙に仕訳を書き、転記する勘定と金額を確認しながら解答を記入しましょう。

保　険　料

4/1	（ア 前払保険料）	（ 24,000 ）	3/31	（ア 前払保険料）	（ 25,200 ）
12/1	（ウ 現　　金）	37,800	〃	（イ 損　　益）	（ 36,600 ）
		（ 61,800 ）			（ 61,800 ）
4/1	（ア 前払保険料）	（ 25,200 ）			

（前払）保険料

4/1	（カ 前期繰越）	（ 24,000 ）	4/1	（エ 保険料）	（ 24,000 ）
3/31	（エ 保険料）	（ 25,200 ）	3/31	（オ 次期繰越）	（ 25,200 ）
		（ 49,200 ）			（ 49,200 ）
4/1	（カ 前期繰越）	（ 25,200 ）	4/1	（エ 保険料）	（ 25,200 ）

2 証ひょうからの仕訳（仕訳1組につき各2点）

解　答

	借方			貸方		
	記号		金額	記号		金額
5.10	エ	支払手形	320,000	イ	当座預金	320,000
5.20	コ	借入金	1,000,000	イ	当座預金	1,012,500
	サ	支払利息	12,500			
5.25	キ	給料	982,450	ウ	所得税預り金	70,000
	ス	支払手数料	450	シ	社会保険料預り金	90,000
				オ	普通預金	822,900
5.28	カ	買掛金	350,000	イ	当座預金	350,250
	ス	支払手数料	250			
5.30	オ	普通預金	624,650	ク	売掛金	625,000
	ス	支払手数料	350			

解　説

1 5月10日の処理

当座勘定照合表では手形が引き落とされているので、**支払手形（負債）**の減少として処理するとともに、**当座預金（資産）**の減少として処理します。

（支　払　手　形）　320,000　（当　座　預　金）　320,000

5月10日に「小切手引落」という項目がありますが、小切手に関しては振り出した時点で当座預金の減少として処理します。本問では問題文に「5月10日以前に振り出したものである」と指示があるため、10日時点での処理は不要となります。

2 **5月20日の処理**

当座勘定照合表では融資に関する返済、およびその利息が引き落とされているので、**借入金（負債）**の減少、**支払利息（費用）**として処理するとともに、**当座預金（資産）**の減少として処理します。

（借入金）	1,000,000	（当座預金）	1,012,500
（支払利息）	12,500		

3 **5月25日の処理**

入出金明細では給料に関する振り込み、およびその振込手数料が引き落とされているので、**給料（費用）**、**支払手数料（費用）**として処理します。なお、問題文で所得税の源泉徴収額、および社会保険料に関する指示がありますので、**所得税預り金（負債）**の増加、**社会保険料預り金（負債）**の増加として処理します。

（給料）	982,450	（所得税預り金）	70,000
（支払手数料）	450	（社会保険料預り金）	90,000
		（普通預金）	822,900

給料 | 822,900円＋70,000円＋90,000円－450円＝**982,450円**

4 **5月28日の処理**

当座勘定照合表では取引先への振り込みが行われているので、問題文の指示にしたがって**買掛金（負債）**の減少として処理するとともに、**当座預金（資産）**の減少として処理します。なお、振り込みに関して発生した費用は**支払手数料（費用）**として処理します。

（買掛金）	350,000	（当座預金）	350,250
（支払手数料）	250		

5 **5月30日の処理**

入出金明細では取引先からの入金がありますので、問題文の指示にしたがって**売掛金（資産）**の減少として処理するとともに、**普通預金（資産）**の増加として処理します。なお、振り込みに関して発生した費用は当社が負担するため、その金額は**支払手数料（費用）**として処理します。

（普通預金）	624,650	（売掛金）	625,000
（支払手数料）	350		

売掛金 | 624,650円＋350円＝**625,000円**

第3問 解答 合計35点（各3点、各2点）

決算整理後残高試算表

借方残高	勘定科目	貸方残高
892,600	現金	
260,000	普通預金	
	当座借越	320,000
2,760,000	売掛金	
1,140,000	電子記録債権	
250,000	繰越商品	
150,000	貯蔵品	
45,000	（前払）保険料	
5,000,000	建物	
2,300,000	備品	
7,000,000	土地	
	買掛金	962,500
	電子記録債務	770,000
	（未払）利息	4,500
	（前受）地代	24,000
	借入金	2,400,000
	貸倒引当金	39,000
	建物減価償却累計額	2,325,000
	備品減価償却累計額	1,187,500
	資本金	8,000,000
	繰越利益剰余金	1,303,600
	売上	8,756,000
	受取地代	288,000
4,165,000	仕入	
1,213,500	給料	
361,000	通信費	
177,000	保険料	
4,000	貸倒引当金繰入	
637,500	減価償却費	
4,500	支払利息	
20,000	雑損	
26,380,100		26,380,100

第3問 解説

1 全体像の把握

決算整理後残高試算表の作成問題です。決算整理事項等は標準的なレベルですが、解答箇所が多いので簡単な決算整理事項等から順序よく解答します。

2 決算整理事項等

① 現金過不足に関する処理

現金の帳簿残高と実際有高の差額は雑損または雑益で処理します。本問は不足しているので**雑損（費用）**で処理します。

（雑　　　損）	20,000	（現　　　金）	20,000

雑損 | 912,600円（帳簿残高）－（780,000円＋112,600円）（実際有高）＝**20,000円**

② 貯蔵品に関する処理

未使用の切手が期末に残っている場合、換金性が高いことから期末に**貯蔵品（資産）**の増加として処理するとともに、**通信費（費用）**の減少として処理します。

（貯　蔵　品）	150,000	（通　信　費）	150,000

③ 当座借越に関する処理

期末時点で当座預金残高が貸方残高の場合、当座借越、または借入金に振り替えます。本問は問題文の指示により**当座借越（負債）**で処理します。

（当　座　預　金）	320,000	（当　座　借　越）	320,000

④ 仮払金に関する処理

仮払金を**備品（資産）**に振り替えます。なお、備品は当期中に使用しているので減価償却の対象となります。

（備　　　品）	500,000	（仮　払　金）	500,000

⑤ 電子記録債権に関する処理

電子記録債権が決済されているので、**電子記録債権（資産）**の減少として処理します。なお、電子記録債権は貸倒引当金の設定対象なので、貸倒引当金の計算に影響があることに注意しましょう。

（普通預金）	110,000	（電子記録債権）	110,000

⑥ 貸倒引当金の設定に関する処理

売掛金の期末残高を基準に貸倒引当金を設定します。本問では電子記録債権も貸倒引当金の設定対象のため、電子記録債権を加えて計算します。

（貸倒引当金繰入）	4,000	（貸倒引当金）	4,000

貸倒引当金繰入 | (2,760,000円＋1,250,000円－110,000円)×１％＝39,000円
（110,000円：⑤より）

39,000円－35,000円＝**4,000円**

⑦ 売上原価に関する処理

期首の繰越商品を仕入に振り替えます。また、期末に在庫として残っている商品を仕入から繰越商品に振り替えて売上原価を計算します。

（仕入）	200,000	（繰越商品）	200,000
（繰越商品）	250,000	（仕入）	250,000

■仕入勘定と繰越商品勘定の流れ

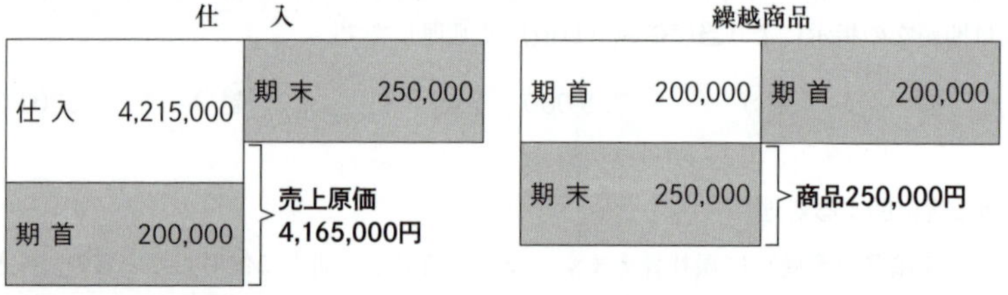

⑧ 減価償却に関する処理

建物および備品の減価償却費を計上します。

1. 建物に関する処理

（減価償却費）	125,000	（建物減価償却累計額）	125,000

減価償却費 | 5,000,000円÷40年＝**125,000円**

2. 備品に関する処理

（減価償却費）	512,500	（備品減価償却累計額）	512,500

減価償却費（既存分）　1,800,000円÷4年＝**450,000円**

減価償却費（新規分）　$500{,}000\text{円} \div 4\text{年} \times \frac{6\text{か月}}{12\text{か月}} =$ **62,500円**

450,000円＋62,500円＝**512,500円**

⑨ 保険料に関する処理（前払保険料）

保険料のうち、まだ経過していないにもかかわらず支払っている前払金額については、**前払保険料（資産）**の増加として処理します。

（前払保険料）	45,000	（保険料）	45,000

前払保険料　$180{,}000\text{円} \times \frac{3\text{か月}(\times3\text{年}4\text{月}\sim\times3\text{年}6\text{月})}{12\text{か月}(\times2\text{年}7\text{月}\sim\times3\text{年}6\text{月})} =$ **45,000円**

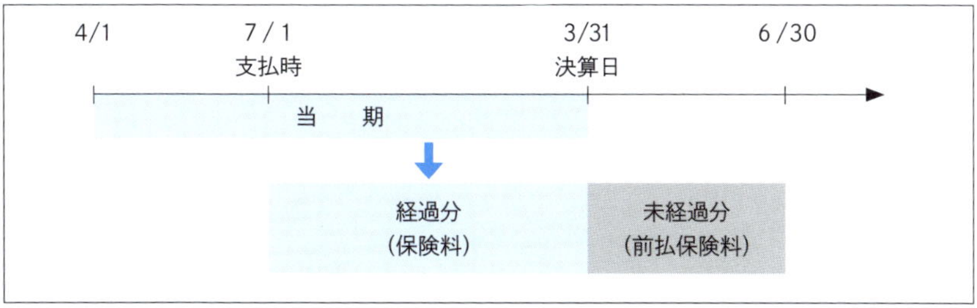

⑩ 支払利息に関する処理（未払利息）

支払利息のうち、すでに経過しているにもかかわらず支払っていない未払金額については**未払利息（負債）**の増加として処理します。

（支払利息）	4,500	（未払利息）	4,500

未払利息　$2{,}400{,}000\text{円} \times 0.75\% \times \frac{3\text{か月}(\times3\text{年}1\text{月}\sim\times3\text{年}3\text{月})}{12\text{か月}(\times3\text{年}1\text{月}\sim\times3\text{年}12\text{月})} =$ **4,500円**

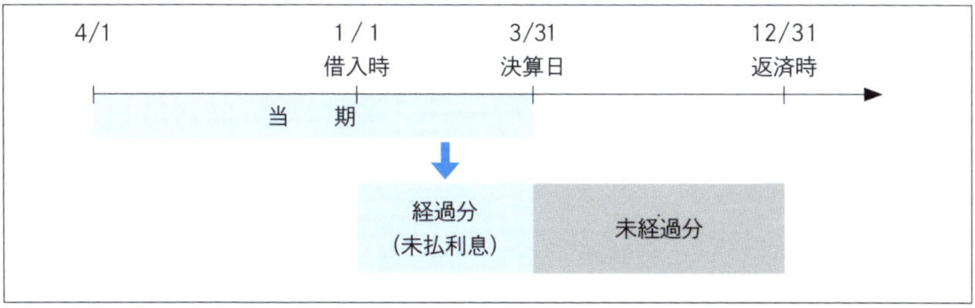

⑪ 受取地代に関する処理（前受地代）

受取地代のうち、まだ経過していないにもかかわらず受け取っている前受金額については**前受地代（負債）**の増加として処理します。なお、本問では偶数月の月末に向こう２か月分受け取っているので、２月の月末に受け取った金額（３月分と４月分）のうち１か月（４月分）分を前受地代として計上します。

（受　取　地　代）	24,000	（前　受　地　代）	24,000

前受地代｜$48{,}000\text{円} \times \dfrac{1\text{か月}(\times3\text{年}4\text{月}\sim\times3\text{年}4\text{月})}{2\text{か月}(\times3\text{年}3\text{月}\sim\times3\text{年}4\text{月})} = \mathbf{24{,}000\text{円}}$

第5回 日商簿記3級予想問題　解答・解説

	第1問	第2問	第3問	合計
配　点	45点	20点	35点	100点
目標点	36点	16点	30点	82点
1回目	点	点	点	点
2回目	点	点	点	点

解答順序とアドバイス

第1問（20分）

- まず問題文全体を確認し、時間配分を考慮して確実に解答できる問題から解きましょう。少しでも考えさせられる問題と判断したら後回しにしましょう。
- ネット試験の受験の場合、例えば、「普通預金」と「当座預金」など、似ている勘定科目のプルダウンでの選択ミスをしないように注意しましょう。
- 統一試験の受験の場合、似ている勘定科目の記号の転記ミスに注意しましょう。答案用紙への転記の順序（例えば金額→記号など）をあらかじめ決めておきましょう。
- 問11、問12を除き標準レベルの問題です。標準レベルの問題は正解できるように復習しましょう。
- 証ひょうの問題（問7、問15）は、問われる仕訳は基本的な内容ですので、得意分野になるまで繰り返し復習しましょう。

↓

第3問（25分）

- 本問は貸借対照表と損益計算書の作成問題です。
- 未処理事項や仕訳の誤記入がある場合、まずはその修正仕訳を行い、その後、貸倒引当金の設定や減価償却などの決算特有の処理を行いましょう。

↓

第2問（15分）

全体

- まず問題文全体を確認し、時間配分を考慮して確実に解答できる問題から解きましょう。少しでも考えさせられる問題と判断したら後回しにしましょう。

問1

- 本問は売掛金の勘定記入に関する問題です。
- 処理自体は平易な内容ですが、一部推定もありますので総勘定元帳と売掛金元帳の関係を理解していないと解けない内容です。効率的に解くことを心がけましょう。

問2

- 空欄の穴埋め問題については、計算問題の会計処理を思い出しながら考えましょう。
- 用語の問題がわからない場合、諦めずに選択肢の語句の意味を考えながら文章として首尾一貫している用語を選びましょう。

第 1 問 解答（仕訳1組につき各3点） 合計45点

	借方			貸方		
	記号		金額	記号		金額
1	イ	仕入	2,025,000	エ	買掛金	2,000,000
				オ	現金	25,000
2	イ	当座預金	200,000	ウ	売上	500,000
	エ	売掛金	300,000			
3	オ	当座預金	250,000	エ	電子記録債権	250,000
4	ウ	手形借入金	600,000	エ	当座預金	600,000
5	オ	役員貸付金	3,000,000	エ	当座預金	3,000,000
6	エ	支払地代	80,000	オ	当座預金	80,000
7	イ	売掛金	96,500	ウ	売上	96,500
8	ウ	租税公課	600,000	エ	普通預金	600,000
9	イ	普通預金	5,000,000	エ	資本金	5,000,000
10	エ	旅費交通費	10,000	ア	現金	10,000
11	ア	売上	325,000	ウ	売掛金	325,000
12	オ	備品減価償却累計額	250,000	カ	備品	800,000
	エ	減価償却費	75,000			
	イ	未収入金	300,000			
	ア	固定資産売却損	175,000			
13	カ	諸会費	35,000	イ	普通預金	35,000
14	イ	給料	840,000	ウ	所得税預り金	60,000
				オ	住民税預り金	40,000
				ア	社会保険料預り金	74,000
				エ	普通預金	666,000
15	オ	差入保証金	600,000	カ	普通預金	750,000
	ア	支払手数料	50,000			
	イ	支払家賃	100,000			

第 1 問は最低でも12問は正解してほしいね！

第1問 解説

1 仕入取引-販売用固定資産

1 中古自動車￥2,000,000を購入し、代金は後日支払うこととした。また、引取運賃として￥25,000を現金で支払った。なお、当社は自動車販売業を営んでいる。

- 本問の会社は自動車販売業で、販売するための商品として中古自動車を購入しているため車両運搬具ではなく**仕入（費用）**で処理します。また、その支払いも未払金ではなく**買掛金（負債）**の増加として処理します。
- 仕入時に発生した諸掛りは、**仕入（費用）**に含めて処理します。

仕訳

（仕　入）	2,025,000	（買　掛　金）	2,000,000
		（現　金）	25,000

仕入｜2,000,000円＋25,000円＝**2,025,000円**

2 売上取引-自己振出小切手

2 得意先である甲府株式会社に商品￥500,000を販売し、代金のうち￥200,000は以前に当社が振り出した小切手を受け取り、残額は掛けとした。

- 以前に自社が振り出した小切手を受け取っているので、**当座預金（資産）**の増加として処理します。

仕訳

（当　座　預　金）	200,000	（売　上）	500,000
（売　掛　金）	300,000		

売掛金｜500,000円－200,000円＝**300,000円**

自社が以前に振り出した小切手を受け取ったときは、**当座預金（資産）**で処理します。小切手の振出人に関しては、問題文でよく確認しましょう。

	受取時	支払時
他人振出小切手	**現金（資産）**の増加	**現金（資産）**の減少
自己振出小切手	**当座預金（資産）**の増加	**当座預金（資産）**の減少

3 電子記録債権-期日到来時

3 電子債権記録機関に発生記録した債権￥250,000の支払期日が到来し、当座預金口座に振り込まれた。

✓ 掛代金などの債権を電子記録債権で処理している場合、期日到来時に**電子記録債権（資産）**の減少として処理します。

仕　訳

（当　座　預　金）	250,000	（電子記録債権）	250,000

4 手形借入金-返済時

4 かねて手形を振り出して借り入れていた￥600,000の返済期日をむかえ、同額が当座預金口座を通じて引き落とされるとともに、手形の返却を受けた。

✓ 金銭の借入時に手形を振り出す場合、**手形借入金（負債）**の増加として処理します。なお、本問では返済期日をむかえて金銭を返済しているため、金銭の返済に伴い手形借入金を減少させます。

仕　訳

（手 形 借 入 金）	600,000	（当　座　預　金）	600,000

5 役員貸付金に関する処理

5 当社の取締役に資金を貸し付ける目的で￥3,000,000の小切手を振り出した。貸付期間は１年、利率は年利２％で利息は元金とともに受け取る条件で、利息は受取時に計上する。なお、勘定科目は貸付金勘定ではなく、役員貸付けであることを明示する勘定を用いることとした。

✓ 問題文の指示により、役員に対する金銭の貸し付けを明示する勘定科目、本問の選択肢では**役員貸付金（資産）**の増加として処理します。

仕　訳

（役 員 貸 付 金）	3,000,000	（当　座　預　金）	3,000,000

6 固定資産-賃借

6 店舗来客者の駐車場として使用している土地の本月分賃借料¥80,000が、当座預金口座から引き落とされた。

✓土地の賃借料の支払いの場合、**支払地代（費用）**として処理します。

仕訳

（支　払　地　代）	80,000	（当　座　預　金）	80,000

7 証ひょう-納品書兼請求書(控)

7 商品を売り上げ、品物とともに次の納品書兼請求書の原本を発送し、代金は掛けとした。

納品書兼請求書（控）

鳥取株式会社　御中

株式会社松江商事

品物	数量	単価	金額
出雲そば	100	500	¥ 50,000
かまぼこ	50	600	¥ 30,000
お茶	30	550	¥ 16,500
	合計		¥ 96,500

x1年9月30日までに合計額を下記口座へお振込み下さい。

島根銀行松江支店　当座　5963117　カ）マツエショウジ

✓合計した金額を、**売掛金（資産）**の増加として処理します。

仕訳

（売　掛　金）	96,500	（売　　上）	96,500

8 税金-固定資産税の納付

8 建物および土地の固定資産税¥600,000の納付書を受け取り、未払金に計上することなく、ただちに普通預金口座を通じて納付した。

✓固定資産税の納付書を受け取った場合、**租税公課（費用）**で処理します。

✓問題文に普通預金口座から振り込んだとあるため、**普通預金（資産）**の減少として処理します。

仕 訳

（租 税 公 課）	600,000	（普 通 預 金）	600,000

本問では固定資産税の納付書を受け取り、ただちに普通預金口座を通じて納付しているので**普通預金（資産）**で処理します。なお、納付書を受け取った時点でただちに納付しない場合は**未払金（負債）**の増加として処理しますので、問題文で納付の有無をよく確認しましょう。

9 増資時の処理

9 増資を行うことになり、１株あたり￥50,000で株式を新たに100株発行し、出資者より当社の普通預金口座に払込金が振り込まれた。なお、払込価額の全額を資本金とする。

- 増資をした場合、その払込金額は原則として**資本金（資本）**の増加として処理します。
- 払込金は普通預金としているため、**普通預金（資産）**の増加として処理します。

仕 訳

（普 通 預 金）	5,000,000	（資 本 金）	5,000,000

10 ＩＣカード-旅費交通費、消耗品費

10 営業先訪問目的で利用する交通機関の料金支払用ＩＣカードに現金￥10,000を入金し、領収証の発行を受けた。なお、入金時に全額費用に計上する方法を採用している。

- ＩＣカードへのチャージ時に全額費用として処理しているため、ＩＣカードへの入金時に**旅費交通費（費用）**として処理します。

仕 訳

（旅 費 交 通 費）	10,000	（現 金）	10,000

ICカードに関する会計処理は、入金時に**仮払金（資産）**として処理し、ICカード使用時にその都度費用処理する方法と、入金時に全額費用処理、つまり**旅費交通費（費用）**として処理する方法があります。問題文でどちらの会計処理を採用しているのかよく確認しましょう。

11 訂正仕訳

11 得意先から売掛金¥325,000を現金で回収したさい、誤って売上に計上していたことが判明したので、本日これを訂正する。

- 売掛金を回収しているので、本来なら売掛金の減少として処理するが、誤って売上で処理しています。したがって、**売掛金（資産）**の減少として処理しつつ、**売上**を取り消す処理を行います。

仕　訳

（売　　上）	325,000	（売　掛　金）	325,000

訂正仕訳の問題は、誤った仕訳から訂正仕訳までの流れを考えて理解しましょう。

【①誤った仕訳】

（現　　金）	325,000	（売　　上）	325,000

【②誤った仕訳の逆仕訳】

（売　　上）	325,000	~~（現　　金）~~	~~325,000~~

【③正しい仕訳】

~~（現　　金）~~	~~325,000~~	（売　掛　金）	325,000

【④訂正仕訳（②＋③）】

（売　　上）	325,000	（売　掛　金）	325,000

12 固定資産-売却時

12 ×1年10月１日に取得した備品（取得原価：¥800,000、残存価額：ゼロ、耐用年数：８年、定額法により償却、間接法により記帳）が不用になったので、×4年12月31日に¥300,000で売却し、代金については翌月に受け取ることにした。なお、決算日は×5年３月31日とし、当期首から売却時点までの減価償却費は月割りで計算すること。

- 備品を売却しているため、**備品（資産）**を減少させるとともに当期首までに計上されている**備品減価償却累計額**の減少として処理します。
- 本問は期中売却のため、当期首から売却時までの**減価償却費（費用）**を計上します。
- 商品売買以外の取引のため、売却代金は**未収入金（資産）**の増加として処理します。

仕　訳

（備品減価償却累計額）	250,000	（備　　　　　品）	800,000
（減　価　償　却　費）	75,000		
（未　収　入　金）	300,000		
（固定資産売却損）	175,000		

備品減価償却累計額　$800{,}000円 \times \dfrac{30か月（\times 1年10月〜\times 4年3月）}{96か月（\times 1年10月〜\times 9年9月）} = \textbf{250,000円}$

減　価　償　却　費　$800{,}000円 \div 8年 \times \dfrac{9か月（\times 4年4月〜\times 4年12月）}{12か月（\times 4年4月〜\times 5年3月）} = \textbf{75,000円}$

固定資産売却損　**貸借差額**

時の経過が問われる問題に関しては、頭の中で慌てて解くのではなく、計算用紙にタイムテーブルを書いて内容を確認しながら解きましょう。

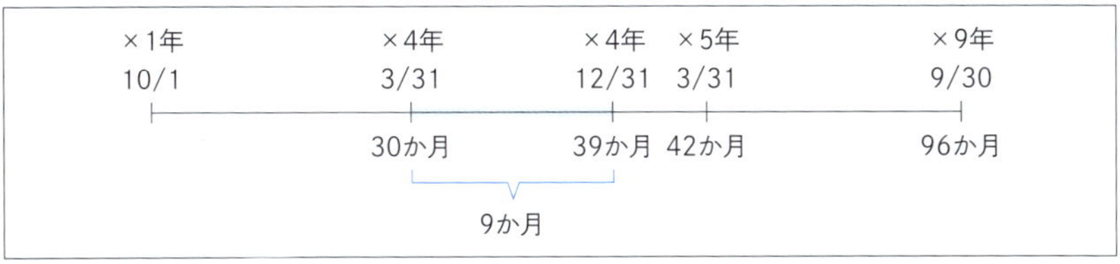

13　諸会費に関する処理

13　加入している業界団体の年会費¥35,000について、普通預金口座を通じて支払った。

✓ 業界団体などの年会費の支払いは、**諸会費（費用）**として処理します。

仕　訳

（諸　　会　　費）	35,000	（普　通　預　金）	35,000

14　給料の支払いに関する処理

14　従業員に対する給料¥840,000を、所得税の源泉徴収分¥60,000、住民税の源泉徴収分¥40,000、および健康保険・厚生年金・雇用保険の社会保険料合計¥74,000を控除し、各従業員の指定する銀行口座へ普通預金口座を通じて支給した。

✓ 税金の源泉徴収分については**所得税預り金（負債）**、**住民税預り金（負債）**の増加、従業員が負担すべき社会保険料については**社会保険料預り金（負債）**の増加として処理します。

仕 訳

（給　　　　料）	840,000	（所得税預り金）	60,000
		（住民税預り金）	40,000
		（社会保険料預り金）	74,000
		（普　通　預　金）	666,000

普通預金 | 840,000円－60,000円－40,000円－74,000円＝**666,000円**

取引を分解して考えるのがポイントです。
本問は給料支払時に従業員立替金がないパターンですが、こちらのパターンは本試験で頻出ですので必ずマスターしましょう。

15 証ひょう-振込依頼書の受け取り

15 新店舗の賃借契約を行い、下記の振込依頼書どおりに普通預金口座を通じて振り込み、賃借を開始した。

振込依頼書

株式会社高松商事　御中

株式会社香川不動産

ご契約ありがとうございます。下記金額のお振込みをお願いします。

内容	金額
仲介手数料	￥ 50,000
敷金	￥600,000
初月賃料	￥100,000
合計	￥750,000

四国銀行香川駅前支店　当座　1717234　カ）カガワフドウサン

- 敷金は、基本的には解約時に返金されますので**差入保証金（資産）**の増加として処理します。
- 仲介手数料は、**支払手数料（費用）**、賃料は**支払家賃（費用）**として処理します。
- 問題文に普通預金口座から振り込んだとあるため、**普通預金（資産）**の減少として処理します。

仕 訳

（差入保証金）	600,000	（普　通　預　金）	750,000
（支払手数料）	50,000		
（支　払　家　賃）	100,000		

第2問 解答 合計20点

1 勘定記入 (各2点)

解 答

総 勘 定 元 帳

売 掛 金

12/1	前 月 繰 越	600,000	12/6	売 上	(15,000)
5	(カ 売 上)	(450,000)	12	現 金	275,000
18	(カ 売 上)	750,000	19	売 上	(25,000)
			22	(エ 当 座 預 金)	(815,000)
			25	当 座 預 金	56,000
			31	(イ 次 月 繰 越)	614,000
		(1,800,000)			(1,800,000)

売 掛 金 元 帳

奈 良 商 店

12/1	(ア 前 月 繰 越)	350,000	12/19	(キ 返 品)	(25,000)
18	売 上 げ	(750,000)	22	当座預金受取り	815,000
			25	当座預金受取り	56,000
			31	(イ 次 月 繰 越)	(204,000)
		1,100,000			1,100,000

神 戸 商 店

12/1	(ア 前 月 繰 越)	(250,000)	12/6	返 品	(15,000)
5	売 上 げ	450,000	12	現 金 受 取 り	(275,000)
			31	(イ 次 月 繰 越)	410,000
		700,000			700,000

解　説

1 全体像の把握

本問では、まず売掛金勘定と売掛金元帳との関係を確認しましょう。その後、各勘定で簡単に空欄が埋まる箇所を埋め、最後に日付ごと、取引ごとにつながりがある部分を埋めていきます。

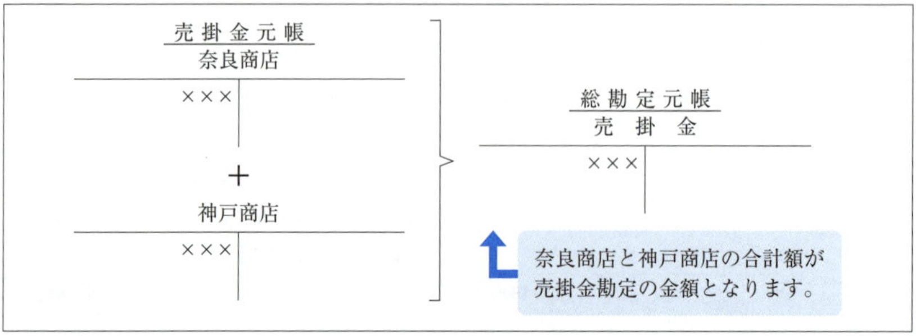

2 空欄の推定

空欄が簡単に埋まる前月繰越、次月繰越から埋めていきます。

① 前月繰越

奈良商店：12/1の空欄に「**前月繰越**」と記入
神戸商店：12/1の空欄に「**前月繰越**」と記入
600,000円（売掛金勘定）－350,000円（奈良商店）＝**250,000円**

② 次月繰越

売掛金勘定：12/31の空欄に「**次月繰越**」と記入
神戸商店：12/31の空欄に「**次月繰越**」と記入
奈良商店：12/31の空欄に「**次月繰越**」「**204,000円**」と記入
614,000円（売掛金勘定）－410,000円（神戸商店）＝**204,000円**

③ 奈良商店

12月19日の売掛金勘定を確認すると売上が借方にあるため、掛売上の返品があったと推定します。

借方項目：12/18の空欄に「**750,000円**」と記入
1,100,000円－350,000円＝**750,000円**
貸方項目：12/19の空欄に「**返品**」、さらに差額で「**25,000円**」と記入
1,100,000円－815,000円－56,000円－204,000円＝**25,000円**

④ 神戸商店

12月12日の売掛金勘定を確認すると、神戸商店の貸方に同日付の取引あるため、掛売上を現金で受け取ったと推定します。そして、12月6日を差額で計算します。

貸 方 項 目	:12/12の空欄に「**275,000円**」と記入
	12/6の空欄に「**15,000円**」と記入
	700,000円－275,000円－410,000円＝**15,000円**

以上を集計すると、売掛金元帳は次のようになります。

売 掛 金 元 帳

奈 良 商 店

12/1	(**前 月 繰 越**)	350,000	12/19	(**返 品**)	(**25,000**)
18	売 上 げ	(**750,000**)	22	当座預金受取り	815,000
			25	当座預金受取り	56,000
			31	(**次 月 繰 越**)	(**204,000**)
		1,100,000			1,100,000

神 戸 商 店

12/1	(**前 月 繰 越**)	(**250,000**)	12/6	返 品	(**15,000**)
5	売 上 げ	450,000	12	現 金 受 取 り	(**275,000**)
			31	(**次 月 繰 越**)	410,000
		700,000			700,000

3 日付ごとの取引の推定

売掛金元帳の日付、金額を参考に、売掛金勘定の空欄を日付順に埋めていきます。

① 12月5日の取引

神戸商店に同日付の取引が記入されているので、神戸商店に対する掛売上と推定できます。

勘 定 科 目	:空欄に「**売上**」と記入
金 額	:神戸商店より「**450,000円**」と記入

この時点で、売掛金勘定の合計額を計算することができます。

合 計 額	:合計欄に「**1,800,000円**」と記入
	600,000円＋450,000円＋750,000円＝**1,800,000円**

② 12月6日の取引

神戸商店に同日付の取引が記入されているので、神戸商店に対する掛売上の返品と推定できます。

金 額	:神戸商店より「**15,000円**」と記入

③ 12月12日の取引

神戸商店に同日付の取引が記入されているので、神戸商店に対する売掛金の決済と推定できます。

④ 12月18日の取引

奈良商店に同日付の取引が記入されているので、奈良商店に対する掛売上と推定できます。

勘 定 科 目 :空欄に「**売上**」と記入

⑤ 12月19日の取引

奈良商店に同日付の取引が記入されているので、奈良商店に対する掛売上の返品と推定できます。

金　　　額 :奈良商店より「**25,000円**」と記入

⑥ 12月22日の取引

奈良商店に同日付の取引が記入されているので、奈良商店に対する売掛金の決済と推定できます。

勘 定 科 目 :空欄に「**当座預金**」と記入
金　　　額 :奈良商店より「**815,000円**」と記入

以上を集計すると、売掛金勘定は次のようになります。

総 勘 定 元 帳

売　掛　金

12/1	前月繰越	600,000	12/6	売　上	(**15,000**)
5	(**売　上**)	(**450,000**)	12	現　金	275,000
18	(**売　上**)	750,000	19	売　上	(**25,000**)
			22	(**当座預金**)	(**815,000**)
			25	当座預金	56,000
			31	(**次月繰越**)	614,000
		(**1,800,000**)			(**1,800,000**)

空欄の推定で時間がかかりそうだと判断したら、途中でも切り上げて他の問題に移りましょう。そして、残った時間で推定問題に挑戦しましょう。

2 空欄補充（各2点）

解　答

①	②	③	④
エ	**オ**	**ウ**	**オ**

解　説

1 問題文の空欄

問題文の空欄を埋めると次のような文章になります。このような空欄補充の問題に対する知識は、計算問題を解くときに単純作業として解くのではなく、その計算の背景を考えながら解くことで解けるようになります。

1．建物の修繕により価値が増加、または使用可能期間を延長させるための支出を（　**資本的支出**　）という。

・資本的支出とは、建物に避難階段を設置したり、壁を防音加工にするなど、有形固定資産の価値を高めたり、耐用年数を延長させたりするための支出です。このような支出があった場合、**建物（資産）**の増加として処理します。

・一方、収益的支出とは、雨漏りを直したり、壁のひび割れを直すなど、有形固定資産の本来の機能を維持するための支出です。このような支出があった場合、**修繕費（費用）**として処理します。

・「改良」が資本的支出、「修繕」が収益的支出と理解しておきましょう。

2．当社が振り出した約束手形について、支払期日に決済された場合、このことを支払手形記入帳の（　**てん末**　）に記入する。

3．（　**補助記入帳**　）とは、特定の取引に関しその種類ごとに明細を記録するための帳簿であり、現金出納帳、売上帳、受取手形記入帳などがある。

・特定の取引の明細を記入するのが「補助記入帳」、特定の勘定の明細を記入するのが「補助元帳」と理解しておきましょう。

補助記入帳	現金出納帳、当座預金出納帳、小口現金出納帳、仕入帳、売上帳、受取手形記入帳、支払手形記入帳
補 助 元 帳	売掛金元帳、買掛金元帳、商品有高帳、固定資産台帳

4．繰越利益剰余金を財源として株主に配当を行った場合、会社法で規定されている上限額に達するまで一定額を（　**利益準備金**　）として積み立てる必要がある。

・会社法の規定により、配当を行うごとに、配当額の10分の１を積み立てる必要があります。

第3問 解答 合計35点（ 各3点 、 各2点 ）

貸借対照表

(単位:円)

現金		(812,000)	買掛金	(504,000)
普通預金		(390,000)	(未払)費用	(22,000)
売掛金	(609,000)		(未払)法人税等	(75,000)
貸倒引当金	△(12,180)	(596,820)	(前受)収益	(24,000)
商品		(300,000)	預り金	(14,400)
貸付金		(1,200,000)	資本金	(3,300,000)
建物	(1,760,000)		繰越利益剰余金	(439,421)
減価償却累計額	△(792,000)	(968,000)		
備品	(480,000)			
減価償却累計額	△(367,999)	(112,001)		
		(4,378,821)		(4,378,821)

損益計算書

(単位:円)

売上原価	(5,252,000)	売上高	(8,142,000)
給料	(1,760,000)	受取利息	(12,000)
旅費交通費	(250,000	償却債権取立益	(50,000)
法定福利費	(182,000)		
支払手数料	(49,480)		
租税公課	(120,000)		
貸倒引当金繰入	(9,780)		
減価償却費	(144,000)		
法人税等	(145,000)		
当期純利益	(291,740)		
	(8,204,000)		(8,204,000)

第３問は30点を目標にして頑張りましょう！

第３問 解説

1 全体像の把握

貸借対照表と損益計算書の作成で、決算整理事項等は標準的なレベルです。売上原価に関する処理、法人税等といった解答しやすい論点から先に解きましょう。

2 決算整理事項等

① 仮受金に関する処理

振込額と売掛金の差額は**支払手数料（費用）**で処理します。

（仮受金）	55,520	（売掛金）	57,000
（支払手数料）	1,480		

支払手数料 ｜ 57,000円－55,520円＝**1,480円**

② 債権の回収に関する処理

昨年度に貸し倒れ処理をした売掛金を回収した場合、**償却債権取立益（収益）**として処理します。

（普通預金）	50,000	（償却債権取立益）	50,000

③ 貸倒引当金の設定に関する処理

売掛金の期末残高を基準に貸倒引当金を設定します。

（貸倒引当金繰入）	9,780	（貸倒引当金）	9,780

貸倒引当金繰入 ｜ (666,000円－57,000円①)×２％＝12,180円
12,180円－2,400円＝**9,780円**

④ 売上原価に関する処理

期首の繰越商品を仕入に振り替えます。また、期末に在庫として残っている商品を仕入から繰越商品に振り替えて売上原価を計算します。

（仕入）	352,000	（繰越商品）	352,000
（繰越商品）	300,000	（仕入）	300,000

■仕入勘定と繰越商品勘定の流れ

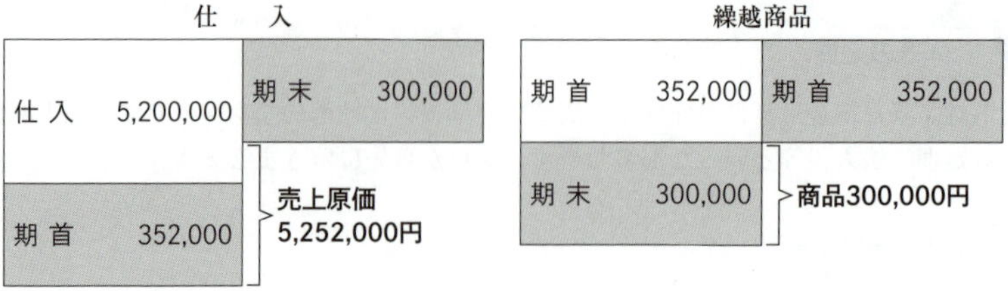

⑤ 減価償却に関する処理

建物および備品の減価償却費を計上します。

1. 建物に関する処理

（減　価　償　却　費）	88,000	（建物減価償却累計額）	88,000

減価償却費 ┃ 1,760,000円÷20年＝**88,000円**

2. 備品に関する処理

備品のうち200,000円は耐用年数をむかえて減価償却を終了しているので、残りの280,000円につき減価償却を行います。

（減　価　償　却　費）	56,000	（備品減価償却累計額）	56,000

減価償却費 ┃ (480,000円－200,000円)÷5年＝**56,000円**

⑥ 社会保険料に関する処理（未払費用）

社会保険料の当社負担分は**法定福利費（費用）**として処理します。

（法　定　福　利　費）	22,000	（未払法定福利費）	22,000

⑦ 貸付金に関する処理（前受収益）

本問では貸付時に受け取るべき利息分を差し引いています。したがって、決算時では前受分の利息を**前受利息（負債）**として処理します。

（受　取　利　息）	24,000	（前　受　利　息）	24,000

前受利息 ┃ $1{,}200{,}000\text{円} \times 3\% \times \dfrac{8\text{か月}}{12\text{か月}} = \mathbf{24{,}000\text{円}}$

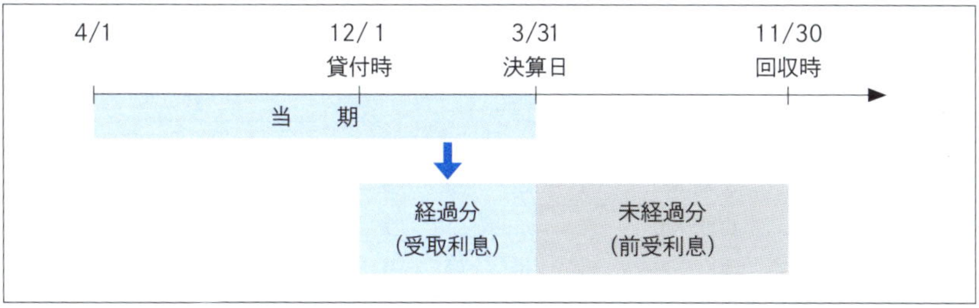

⑧ 法人税に関する処理

法人税を計上する場合、**仮払法人税等（資産）**がある場合はその金額を充当し、不足金額について**未払法人税等（負債）**の増加として処理します。

（法　人　税　等）	145,000	（仮払法人税等）	70,000
		（未払法人税等）	75,000

未払法人税等 | 145,000円－70,000円＝**75,000円**

3 貸借対照表と損益計算書の作成

残高試算表の金額に決算整理事項等を考慮した金額で作成します。なお、貸借対照表の繰越利益剰余金と損益計算書の当期純利益の関係は次のとおりです。

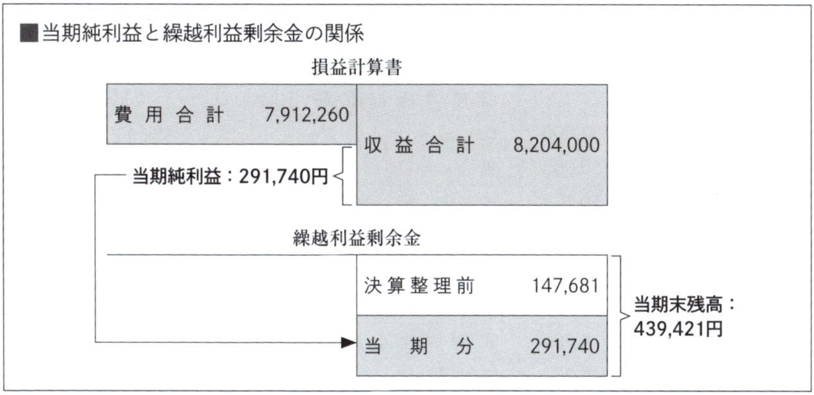

本問で決算整理後残高試算表を作成した場合、次のようになります。貸借対照表、損益計算書との違いを確認しておきましょう。

【参考】決算整理後残高試算表

残高試算表

借方残高	勘定科目	貸方残高
812,000	現金	
390,000	普通預金	
609,000	売掛金	
300,000	繰越商品	
1,200,000	貸付金	
1,760,000	建物	
480,000	備品	
	買掛金	504,000
	未払法定福利費	22,000
	未払法人税等	75,000
	前受利息	24,000
	所得税預り金	14,400
	貸倒引当金	12,180
	建物減価償却累計額	792,000
	備品減価償却累計額	367,999
	資本金	3,300,000
	繰越利益剰余金	147,681
	売上	8,142,000
	受取利息	12,000
	償却債権取立益	50,000
5,252,000	仕入	
1,760,000	給料	
250,000	旅費交通費	
182,000	法定福利費	
49,480	支払手数料	
120,000	租税公課	
9,780	貸倒引当金繰入	
144,000	減価償却費	
145,000	法人税等	
13,463,260		13,463,260

第6回 日商簿記3級予想問題 解答・解説

	第1問	第2問	第3問	合計
配　点	45点	20点	35点	100点
目標点	39点	16点	30点	85点
1回目	点	点	点	点
2回目	点	点	点	点

■解答順序とアドバイス

第1問（20分）

- まず問題文全体を確認し、時間配分を考慮して確実に解答できる問題から解きましょう。少しでも考えさせられる問題と判断したら後回しにしましょう。
- ネット試験の受験の場合、例えば、「普通預金」と「当座預金」など、似ている勘定科目のプルダウンでの選択ミスをしないように注意しましょう。
- 統一試験の受験の場合、似ている勘定科目の記号の転記ミスに注意しましょう。答案用紙への転記の順序（例えば金額→記号など）をあらかじめ決めておきましょう。
- 本問はすべて標準レベルの問題です。確実に正解できるように復習しましょう。
- 証ひょうの問題（問15）は、問われる仕訳は基本的な内容ですので、得意分野になるまで繰り返し復習しましょう。

↓

第3問（25分）

- 本問では精算表の作成が問われています。
- 期末商品の計算について「仕入勘定」で計算する方法ではなく「売上原価勘定」で計算する方法を出題しています。理解してしまえば簡単な内容なので、仕入勘定で処理する方法と対比させて理解しましょう。

↓

第2問（15分）

全体

- まず問題文全体を確認し、時間配分を考慮して確実に解答できる問題から解きましょう。少しでも考えさせられる問題と判断したら後回しにしましょう。

問1

- 本問は法人税に関する一連の勘定記入が問われる出題です。
- 当期分と前期分の処理が問われますので、会計期間を整理して解答しましょう。

問2

- 空欄の穴埋め問題については、計算問題の会計処理を思い出しながら考えましょう。
- 用語の問題がわからない場合、諦めずに選択肢の語句の意味を考えながら文章として首尾一貫している用語を選びましょう。

第１問 解答（仕訳１組につき各３点） 合計45点

	借方			貸方		
	記号		金額	記号		金額
1	エ	仕入	50,000	ウ	買掛金	55,000
	ア	仮払消費税	5,000			
2	イ	売上	650,000	ウ	売掛金	650,000
3	ウ	普通預金	873,000	イ	クレジット売掛金	873,000
4	ア	買掛金	560,000	ウ	電子記録債務	560,000
5	カ	普通預金	199,700	イ	売掛金	200,000
	エ	支払手数料	300			
6	ア	当座預金	275,000	エ	現金	275,000
7	ウ	旅費交通費	780	カ	当座預金	4,340
	オ	通信費	3,000			
	ア	消耗品費	560			
8	ウ	借入金	300,000	ア	当座預金	304,500
	エ	支払利息	4,500			
9	ア	当座預金	1,015,000	オ	手形貸付金	1,000,000
				エ	受取利息	15,000
10	ア	通信費	9,450	エ	貯蔵品	26,250
	イ	租税公課	16,800			
11	オ	普通預金	5,500,000	イ	未収入金	5,500,000
12	カ	差入保証金	360,000	エ	当座預金	540,000
	ア	支払手数料	60,000			
	オ	支払家賃	120,000			
13	イ	租税公課	48,000	オ	現金	48,000
14	エ	損益	1,650,000	ウ	仕入	1,650,000
15	ア	旅費交通費	12,800	エ	仮払金	15,000
	オ	現金	2,200			

第１問は最低でも12問は正解してほしいね！

第1問 解説

1 仕入取引-消費税

1 商品を￥55,000（税込価格）で仕入れ、代金は掛けとした。なお、消費税率は10％で税抜方式により記帳している。

✅商品の仕入時に支払った消費税は、**仮払消費税（資産）**の増加として処理します。

仕訳

（仕　入）	50,000	（買　掛　金）	55,000
（仮払消費税）	5,000		

仕　入 ｜ $55{,}000\text{円}\times\dfrac{1}{1.1}=\mathbf{50{,}000\text{円}}$

仮払消費税 ｜ 50,000円×10％＝**5,000円**

2 売上取引-売上戻り

2 かねて販売した商品￥650,000の返品を受けたため、掛代金から差し引くこととした。

✅販売した商品が返品された場合、そもそもその取引がなかったことにするため**売上（収益）**の取り消しとして処理するとともに、**売掛金（資産）**の減少として処理します。

仕訳

（売　上）	650,000	（売　掛　金）	650,000

3 売上取引-クレジット売掛金

3 先月にクレジット払いの条件で販売した取引につき、信販会社から手数料を差し引いた手取額￥873,000が普通預金口座に入金された。

✅クレジット販売した商品の代金が入金された場合、**クレジット売掛金（資産）**の減少として処理します。

仕訳

（普通預金）	873,000	（クレジット売掛金）	873,000

4 電子記録債務-発生時

4 当社は仕入先である名古屋株式会社に対する買掛金¥560,000の支払いを電子債権記録機関で行うため、取引銀行を通して電子記録債務の発生記録を行った。

- 掛代金を電子記録債務で処理する場合、発生時に**買掛金（負債）**を減少させるとともに、**電子記録債務（負債）**で処理します。

仕訳

（買掛金）	560,000	（電子記録債務）	560,000

5 掛代金の回収

5 得意先から先月締めの掛代金¥200,000の回収として、振込手数料¥300（当社負担）を差し引かれた残額が当社の普通預金口座に振り込まれた。

- 掛代金回収時の振込手数料が当社負担の場合、その振込手数料については**支払手数料（費用）**として処理します。

仕訳

（普通預金）	199,700	（売掛金）	200,000
（支払手数料）	300		

普通預金 | 200,000円－300円＝**199,700円**

6 当座借越-期中処理

6 先週末に受け取った得意先神戸商店振出しの小切手¥275,000を当座預金に預け入れた。なお、当座預金出納帳の貸方残高は¥150,000であり、取引銀行とのあいだに借越限度額¥2,000,000の当座借越契約が結ばれている。

- 当座預金勘定の残高が貸方の場合、決算時に適当な勘定に振り替えるので、期中取引では振り替えに関する処理は行いません。
- 他人振出小切手を預け入れた場合、**現金（資産）**の減少として処理します。

仕訳

(当座預金)	275,000	(現金)	275,000

7 小口現金に関する処理

7 小口現金係から、**バス代**¥780、**切手代**¥3,000および**事務用品代**¥560の小口現金の使用について報告を受け、同額の**小切手**を振り出して補給した。なお、当社では定額資金前渡制度（インプレスト・システム）により、小口現金係から毎週月曜日に前週の支払報告を受け、これにもとづいて資金を補給している。

- ✅バス代は**旅費交通費（費用）**、切手代は**通信費（費用）**、事務用品代は**消耗品費（費用）**として処理します。
- ✅小口現金の報告を受けると同時に小切手を振り出した場合、**当座預金（資産）**の減少として処理します。

仕訳

(旅費交通費)	780	(当座預金)	4,340
(通信費)	3,000		
(消耗品費)	560		

当座預金 | 780円＋3,000円＋560円＝**4,340円**

小口現金の使用報告を受けたときの処理と、小口現金の使用報告を受けると同時に小口現金を補充したときの処理（本問）を間違わないよう注意しましょう。

8 借入金-返済時

8 **借入金**（元金均等返済）の今月返済分の元本¥300,000および**利息**（各自計算）が**当座預金**口座から引き落とされた。なお、利息の引落額は未返済の元本¥1,500,000に利率年3.65%を適用し、30日分の日割計算（1年を365日とする）した額である。

- ✅借入金を返済する場合、**借入金（負債）**の減少として処理します。
- ✅借入金に関する利息の支払いをする場合、**支払利息（費用）**で処理します。
- ✅利息の計算は、問題文の指示にしたがって30日で計算します。

仕　訳

（借　入　金）	300,000	（当　座　預　金）	304,500
（支　払　利　息）	4,500		

支払利息｜1,500,000円×3.65％×$\frac{30日}{365日}$＝**4,500円**

当座預金｜300,000円＋4,500円＝**304,500円**

9　手形貸付金-回収時

9 得意先である水戸株式会社に期間９か月、年利率２％で¥1,000,000を貸し付けるとともに同社振出しの約束手形を受け取っていたが、本日満期日のため利息とともに同社振出しの小切手で返済を受けたので、ただちに当座預金に預け入れた。

- 金銭の貸付時に手形を受け取っている場合、手形貸付金で処理します。なお、本問では返済期日をむかえて金銭を回収しているため、金銭の回収に伴い**手形貸付金（資産）**の減少として処理します。

仕　訳

（当　座　預　金）	1,015,000	（手　形　貸　付　金）	1,000,000
		（受　取　利　息）	15,000

受取利息｜1,000,000円×２％×$\frac{9か月}{12か月}$＝**15,000円**

当座預金｜1,000,000円＋15,000円＝**1,015,000円**

10　貯蔵品-再振替仕訳

10 前期末の決算においてはがき（@¥63）が150枚と、収入印紙の¥16,800が未使用のまま残っていることが判明し適切な勘定に振り替えているため、当期首において再振替仕訳を行う。

- 前期末の決算で換金性の高い収入印紙やはがきの未使用分を**貯蔵品（資産）**に振り替えているため、当期首に決算時の逆仕訳を行い元の勘定に振り戻します。
- はがきは**通信費（費用）**、収入印紙は**租税公課（費用）**で処理します。

仕 訳

（通　信　費）	9,450	（貯　蔵　品）	26,250
（租　税　公　課）	16,800		

通信費｜63円×150枚＝**9,450円**
貯蔵品｜9,450円＋16,800円＝**26,250円**

11 固定資産-売却代金の回収時

11 先月末に土地（購入価格￥3,000,000、登記費用￥150,000、仲介手数料￥300,000）が不要となったため￥5,500,000で売却していたが、本日、代金の全額が当社の**普通預金**口座に振り込まれた。

- 固定資産の取得原価は、固定資産の代金に登記費用や仲介手数料などの付随費用を含めて処理します。
- 土地の売却時に売却代金は未収入金として処理しているので、代金の回収時は**未収入金（資産）**の減少として処理します。

仕 訳

（普　通　預　金）	5,500,000	（未　収　入　金）	5,500,000

一瞬戸惑う問題ですが、土地の売却時の仕訳を計算用紙に書けば簡単な問題です。

【購入時の仕訳】

（土　地）	3,450,000	（現金など）	3,450,000

土地：3,000,000円＋150,000円＋300,000円＝**3,450,000円**

【売却時の仕訳】

（未　収　入　金）	5,500,000	（土　地）	3,450,000
		（固定資産売却益）	2,050,000

12 固定資産-賃借

12 新規出店のためにビルの１階部分を１か月あたり￥120,000にて賃借する契約を結び、１か月分の家賃￥120,000、敷金を家賃３か月分、不動産業者に対する仲介手数料（家賃の0.5か月分）を当座預金口座を通じて支払った。

- 敷金は基本的には解約時に返金されるので、契約時は**差入保証金（資産）**の増加として処理します。
- 仲介手数料は、**支払手数料（費用）**として処理します。

仕 訳

（差入保証金）	360,000	（当座預金）	540,000
（支払手数料）	60,000		
（支払家賃）	120,000		

差入保証金｜120,000円×３か月＝**360,000円**
支払手数料｜120,000円×0.5か月＝**60,000円**
当座預金｜360,000円＋60,000円＋120,000円＝**540,000円**

13 税金-自動車税の納付

13 事業用の車両に関する自動車税￥48,000を現金で納付した。

- 事業用の車両に関する自動車税については、**租税公課（費用）**で処理します。

仕 訳

（租税公課）	48,000	（現金）	48,000

14 決算振替仕訳

14 決算日に仕入勘定において算定された売上原価￥1,650,000を損益勘定に振り替えた。

- 決算手続きとして帳簿を締め切る必要があり、収益項目、費用項目について損益勘定に振り替えます。

仕 訳

（損益）	1,650,000	（仕入）	1,650,000

15 証ひょう-旅費交通費等報告書

15 従業員の出張精算を行ったところ、次の領収書および報告書が提出されるとともに、かねて概算払いしていた¥15,000との差額を現金で受け取った。なお、当社では1回¥3,000以下の電車賃は従業員からの領収書の提出を不要としている。

領収書
運賃¥2,800
上記のとおり領収致しました。
大月観光交通（株）

領収書
宿泊費 1名 ¥6,500
この度はありがとうございました。
大月旅館

旅費交通費等報告書

雨宮健治

移動先	手段等	領収書	金額
大月駅	電車	無	2,250
大月株式会社	タクシー	有	2,800
大月旅館	宿泊	有	6,500
帰社	電車	無	1,250
	合計		¥12,800

- 交通費および宿泊費については、**旅費交通費（費用）**として処理します。
- 出張に関する費用が確定するため、概算払いしていた**仮払金（資産）**が減少します。

仕訳

(旅費交通費)	12,800	(仮払金)	15,000
(現金)	2,200		

現金 | 15,000円－12,800円＝**2,200円**

旅費交通費の内訳は、領収書を受け取った金額も含まれていることに注意しましょう。なお、出張旅費の概算払い時の仕訳は次の通りです。

【概算払い時の仕訳】

(仮払金)	15,000	(現金など)	15,000

第２問 解答 合計20点

1 勘定記入（各３点）

解　答

仮払法人税等

(11/28)	（オ 当座預金）	（ 380,000 ）	3/31	（ク 法人税等）	（ 380,000 ）

未払法人税等

(5/28)	（オ 当座預金）	（ 300,000 ）	4/1	（ア 前期繰越）	（ 300,000 ）
3/31	（エ 次期繰越）	（ 400,000 ）	3/31	（ク 法人税等）	（ 400,000 ）
		（ 700,000 ）			（ 700,000 ）

法人税等

3/31	（キ 諸口）	（ 780,000 ）	3/31	（ウ 損益）	（ 780,000 ）

損益

3/31	仕入	3,650,000	3/31	売上	7,820,000
〃	その他費用	1,750,000	〃	受取手数料	180,000
〃	（ク 法人税等）	（ 780,000 ）			
〃	（カ 繰越利益剰余金）	（ 1,820,000 ）			
		（ 8,000,000 ）			（ 8,000,000 ）

解　説

1 全体像の把握

前期と当期に関する資料があるため、資料を整理して進めましょう。

2 11月25日の仕訳（前期）

中間申告のため、半年分の概算額を**仮払法人税等（資産）**の増加として処理します。

（仮払法人税等）	250,000	（当座預金）	250,000

3 3月31日（決算）の仕訳（前期）

中間納付時に仮払法人税等を計上しているので、決算時ではこの**仮払法人税等（資産）**を減少させるとともに、貸借差額を**未払法人税等（負債）**の増加として処理します。

(法人税等)	550,000	(仮払法人税等)	250,000
		(未払法人税等)	300,000

未払法人税等 | 550,000円－250,000円＝**300,000円**

この未払法人税等300,000円が未払法人税等勘定の前期繰越額となります。

4 5月28日の仕訳(当期)

決算時に未払法人税等を計上しているので、納付時ではこの**未払法人税等（負債）**を減少させるとともに、**当座預金（資産）**の減少として処理します。

(未払法人税等)	300,000	(当座預金)	300,000

5 11月28日の仕訳(当期)

前期と同様、当期も中間申告として半年分の概算額を**仮払法人税等（資産）**の増加として処理します。

(仮払法人税等)	380,000	(当座預金)	380,000

6 3月31日(決算)の仕訳(当期)

前期と同様、当期も中間納付時に仮払法人税等を計上しているので、決算時ではこの**仮払法人税等（資産）**を減少させるとともに、貸借差額を**未払法人税等（負債）**の増加として処理します。

(法人税等)	780,000	(仮払法人税等)	380,000
		(未払法人税等)	400,000

未払法人税等 | 780,000円－380,000円＝**400,000円**

7 決算振替仕訳(当期)

収益項目および費用項目を損益勘定に振り替えます。そして、貸借差額である当期純利益は**繰越利益剰余金（資本）**の増加として処理します。

① 収益項目の振り替え

(売上)	7,820,000	(損益)	8,000,000
(受取手数料)	180,000		

② 費用項目の振り替え

（損　　　　益）	6,180,000	（仕　　　　入）	3,650,000
		（その他費用）	1,750,000
		（法人税等）	780,000

③ 当期純利益の振り替え

（損　　　　益）	1,820,000	（繰越利益剰余金）	1,820,000

繰越利益剰余金 | 8,000,000円－6,180,000円＝**1,820,000円**

8 勘定の締め切り

各勘定科目を締め切ります。なお、未払法人税等勘定の貸借差額は次期繰越として処理します。

2 空欄補充（各2点）

解答

①	②	③	④
ア	**オ**	**エ**	**ウ**

解説

1 問題文の空欄

問題文の空欄を埋めると次のような文章になります。このような空欄補充の問題に対する知識は、計算問題を解くときに単純作業として解くのではなく、その計算の背景を考えながら解くことで解けるようになります。

1．貸借平均の原理にもとづき、総勘定元帳への転記の正確性の確認や、決算手続きを円滑に行う目的で作成する表を（ **試算表** ）という。

・貸借平均の原理とは、複式簿記では借方合計と貸方合計が常に一致するという原理のことです。総勘定元帳の転記の正確性の確認、決算手続きの円滑化というキーワードで考えると、空欄内に入るのが試算表と導けます。

2．（ **所有と経営の分離** ）とは、株主が資金を出資し、会社の経営は経営の専門家である取締役が行う仕組みである。

・所有と経営を分離することにより、事業を発展させるための資金が調達しやすくなり、かつ、会社経営の専門知識をもつ人材を幅広く活用できます。

3．買掛金元帳とは、仕入先ごとの買掛金の増減を記録する（ **補助元帳** ）である。

・特定の取引の明細を記入するのが「補助記入帳」、特定の勘定の明細を記入するのが「補助元帳」と理解しておきましょう。

補助記入帳	現金出納帳、当座預金出納帳、小口現金出納帳、仕入帳、売上帳、受取手形記入帳、支払手形記入帳
補助元帳	売掛金元帳、買掛金元帳、商品有高帳、固定資産台帳

4．貸倒引当金は売掛金勘定の（ **評価** ）勘定であるため、売掛金から控除して貸借対照表に表示する。

・評価勘定とは、資産のマイナス項目として貸方に計上される項目です。貸倒引当金は売上債権の控除項目なので、貸借対照表では売上債権のマイナスとして表示されます。

第３問 解答　合計35点（ 各3点 、 各2点 ）

精　算　表

勘定科目	試算表		修正記入		損益計算書		貸借対照表	
	借方	貸方	借方	貸方	借方	貸方	借方	貸方
現金	24,200			200			24,000	
当座預金	127,240						127,240	
売掛金	3,070,000			70,000			3,000,000	
繰越商品	105,000		165,000	105,000			165,000	
仮払消費税	91,000			91,000				
建物	800,000						800,000	
備品	300,000						300,000	
買掛金		90,000						90,000
仮受消費税		168,000	168,000					
貸倒引当金		45,000	45,000	30,000				30,000
建物減価償却累計額		368,000		16,000				384,000
備品減価償却累計額		100,000		50,000				150,000
資本金		3,200,000						3,200,000
繰越利益剰余金		271,640						271,640
売上		1,680,000				1,680,000		
受取手数料		22,000		15,000		37,000		
仕入	910,000			910,000				
給料	300,000		20,000		320,000			
通信費	157,200			28,800	128,400			
保険料	60,000			40,000	20,000			
	5,944,640	5,944,640						
売上原価			105,000	165,000	850,000			
			910,000					
貸倒引当金繰入			30,000		30,000			
減価償却費			66,000		66,000			
貸倒損失			25,000		25,000			
雑損			200		200			
貯蔵品			28,800				28,800	
（未収）手数料			15,000				15,000	
（前払）保険料			40,000				40,000	
（未払）給料				20,000				20,000
（未払）消費税				77,000				77,000
当期純（利益）					277,400			277,400
			1,618,000	1,618,000	1,717,000	1,717,000	4,500,040	4,500,040

第３問は30点を目標にして頑張りましょう！

第3問 解説

1 全体像の把握

精算表の作成の配点箇所は、主に損益計算書欄および貸借対照表欄と想定されています。したがって、決算整理事項等の仕訳を行ったさいは「修正記入欄」を記入後、そのまま損益計算書または貸借対照表まで記入し確実に得点を重ねていきましょう。

2 決算整理事項等

① 現金過不足に関する処理

現金の不足額については、**雑損（費用）**として処理します。

（雑　　　損）	200	（現　　　金）	200

雑損 | 24,200円－24,000円＝**200円**

② 貸倒れに関する処理

前年度の売掛金が貸し倒れた場合、貸倒引当金を設定しているときは**貸倒引当金**を取り崩して充当します。なお、貸倒引当金の金額が不足している場合は、その不足額については**貸倒損失（費用）**として処理します。

（貸倒引当金）	45,000	（売　掛　金）	70,000
（貸　倒　損　失）	25,000		

貸倒損失 | 70,000円－45,000円＝**25,000円**

③ 貯蔵品に関する処理

郵便切手、はがきの未使用分については、決算時に**貯蔵品（資産）**へ振り替えます。

（貯　蔵　品）	28,800	（通　信　費）	28,800

貯蔵品 | @85円×80枚＋@110円×200枚＝**28,800円**

④ 消費税に関する処理

預かっている消費税（**仮受消費税**）とすでに支払った消費税（**仮払消費税**）の差額を、**未払消費税（負債）**の増加として処理します。

（仮受消費税）	168,000	（仮払消費税）	91,000
		（未払消費税）	77,000

未払消費税 | 168,000円－91,000円＝**77,000円**

⑤ 貸倒引当金の設定に関する処理

売掛金の期末残高を基準に貸倒引当金を設定します。

（ 貸倒引当金繰入 ）	30,000	（ 貸 倒 引 当 金 ）	30,000

貸倒引当金繰入 | (3,070,000円－70,000円)×１％＝30,000円
（70,000円：②より）

30,000円－(45,000円－45,000円)＝**30,000円**
（45,000円：②より）

⑥ 売上原価に関する処理

期首の繰越商品および当期の仕入高を売上原価に振り替えます。また、期末に在庫として残っている商品を売上原価から繰越商品へ振り替えて売上原価を計算します。

（ 売 上 原 価 ）	105,000	（ 繰 越 商 品 ）	105,000
（ 売 上 原 価 ）	910,000	（ 仕 入 ）	910,000
（ 繰 越 商 品 ）	165,000	（ 売 上 原 価 ）	165,000

■売上原価勘定と仕入勘定、繰越商品勘定の流れ

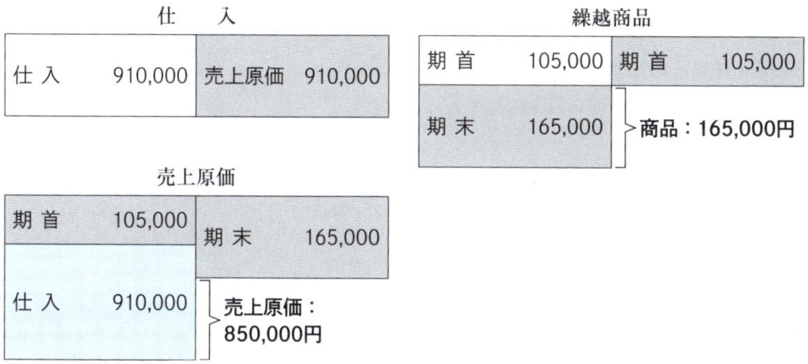

⑦ 減価償却に関する処理

建物および備品の減価償却費を計上します。

1. 建物に関する処理

（ 減 価 償 却 費 ）	16,000	（ 建物減価償却累計額 ）	16,000

減価償却費 | 800,000円÷50年＝**16,000円**

2. 備品に関する処理

（減価償却費）	50,000	（備品減価償却累計額）	50,000

減価償却費｜300,000円÷6年＝**50,000円**

⑧ 受取手数料に関する処理（未収手数料）

受取手数料のうちすでに経過しているにもかかわらず受け取っていない未収金額については、**未収手数料（資産）**の増加として処理します。

（未収手数料）	15,000	（受取手数料）	15,000

⑨ 給料に関する処理（未払給料）

すでに経過しているにもかかわらず支払っていない未払いの給料については、**未払給料（負債）**の増加として処理します。

（給料）	20,000	（未払給料）	20,000

⑩ 保険料に関する処理（前払保険料）

保険料のうちまだ経過していないにもかかわらず支払っている前払金額については、**前払保険料（資産）**の増加として処理します。

（前払保険料）	40,000	（保険料）	40,000

前払保険料｜ $60{,}000\text{円} \times \dfrac{8\text{か月}(\times 3\text{年}4\text{月}\sim\times 3\text{年}11\text{月})}{12\text{か月}(\times 2\text{年}12\text{月}\sim\times 3\text{年}11\text{月})} = \mathbf{40{,}000\text{円}}$

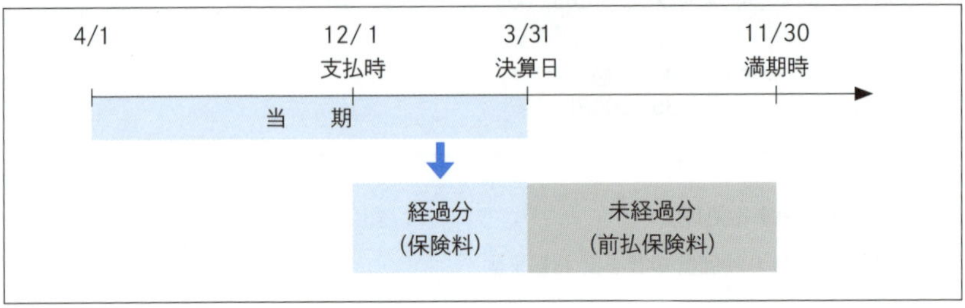

第7回 日商簿記3級予想問題　解答・解説

	第1問	第2問	第3問	合計
配　点	45点	20点	35点	100点
目標点	39点	14点	30点	83点
1回目	点	点	点	点
2回目	点	点	点	点

■解答順序とアドバイス

第1問（20分）

- まず問題文全体を確認し、時間配分を考慮して確実に解答できる問題から解きましょう。少しでも考えさせられる問題と判断したら後回しにしましょう。
- ネット試験の受験の場合、例えば、「普通預金」と「当座預金」など、似ている勘定科目のプルダウンでの選択ミスをしないように注意しましょう。
- 統一試験の受験の場合、似ている勘定科目の記号の転記ミスに注意しましょう。答案用紙への転記の順序（例えば金額→記号など）をあらかじめ決めておきましょう。
- 本問はすべて標準レベルの問題です。確実に正解できるように復習しましょう。
- 証ひょうの問題（問11、問15）は、問われる仕訳は基本的な内容ですので、得意分野になるまで繰り返し復習しましょう。

↓

第3問（25分）

- 本問は貸借対照表と損益計算書の作成問題です。
- 未処理事項や仕訳の誤記入がある場合、まずはその修正仕訳を行い、その後、貸倒引当金の設定や減価償却などの決算特有の処理を行いましょう。

↓

第2問（15分）

全体

- まず問題文全体を確認し、時間配分を考慮して確実に解答できる問題から解きましょう。少しでも考えさせられる問題と判断したら後回しにしましょう。

問1

- 本問は家賃に関する一連の処理に関する出題です。
- 取引の処理は平易な内容ですが、勘定記入に苦手意識のある方は計算用紙に仕訳を書いて解答しましょう。

問2

- 証ひょうの読み取りからの仕訳問題は、資料の読み取りさえできれば得点しやすい内容です。
- 普通預金と当座預金などの似たような勘定を間違わないために、買い手と売り手に関する情報をまとめてから解きましょう。

第１問 解答（仕訳１組につき各３点） 合計45点

	借方			貸方		
	記号		金額	記号		金額
1	エ	仕入	200,000	カ	前払金	70,000
				オ	買掛金	125,000
				ア	現金	5,000
2	イ	支払手形	50,000	オ	売上	200,000
	ウ	売掛金	150,000			
3	イ	買掛金	340,000	オ	電子記録債務	340,000
4	エ	貸倒引当金	170,000	ア	売掛金	300,000
	イ	貸倒損失	130,000			
5	オ	買掛金	700,000	ウ	普通預金	700,350
	カ	支払手数料	350			
6	ウ	当座借越	400,000	エ	当座預金	400,000
7	ウ	当座預金	500,000	エ	手形貸付金	500,000
8	イ	普通預金	29,700,000	ウ	役員借入金	30,000,000
	エ	支払利息	300,000			
9	カ	土地	250,000	イ	普通預金	250,000
10	ウ	未払金	600,000	イ	現金	600,000
11	ウ	旅費交通費	36,500	エ	現金	36,500
12	カ	未払法人税等	125,000	イ	当座預金	125,000
13	イ	繰越利益剰余金	500,000	エ	損益	500,000
14	オ	保管費	80,000	ア	普通預金	80,000
15	ウ	仮払法人税等	400,000	ア	普通預金	400,000

第１問は最低でも12問は正解してほしいね！

第1問 解説

1 仕入取引-手付金・仕入諸掛り

1 仕入先の盛岡株式会社から商品￥200,000を仕入れ、代金のうち￥70,000は注文時に支払った手付金と相殺し、残額は掛けとした。なお、商品の発送費用（先方負担）￥5,000を運送会社に現金で立替払いし、掛代金から控除した。

- 手付金と相殺している場合、**前払金（資産）**の減少として処理します。
- 先方負担の仕入諸掛りについては問題文の指示により、立替払いした発送費用の金額については**買掛金（負債）**の減少として処理します。

仕訳

（仕　　入）	200,000	（前　払　金）	70,000
		（買　掛　金）	125,000
		（現　　金）	5,000

買掛金 | 200,000円－70,000円－5,000円＝**125,000円**

仕入諸掛りの処理は全部で三種類ありますので、処理方法を整理しておきましょう。なお、問題文に指示がない場合は当社負担と考えましょう。

当社負担	**仕入（費用）**に含めて処理
仕入先負担	**立替金（資産）**で処理
	買掛金（負債）を減額（←本問）

2 売上取引-自己振出手形

2 得意先に商品￥200,000を販売し、代金のうち￥50,000は以前に当社が振り出した約束手形を受け取り、残額は掛けとした。

- 以前に自社が振り出した約束手形を受け取っているので、**支払手形（負債）**の減少として処理します。

仕訳

（支　払　手　形）	50,000	（売　　上）	200,000
（売　掛　金）	150,000		

売掛金 | 200,000円－50,000円＝**150,000円**

自社が以前に振り出した約束手形を受け取ったときは、**支払手形（負債）**で処理します。約束手形の振出人に関しては、問題文でよく確認しましょう。

	受取時	支払時
他人振出手形	**受取手形（資産）**の増加	裏書手形（2級の範囲）
自己振出手形	**支払手形（負債）**の減少	**支払手形（負債）**の増加

3 電子記録債務-発生時

3 仕入先である東京株式会社に対する買掛金¥340,000について、同社より依頼を受けたうえで取引銀行を通して電子記録債務の発生記録を行った。

- 掛代金を電子記録債務で処理する場合、**買掛金（負債）**を減少させるとともに、**電子記録債務（負債）**の増加として処理します。

仕　訳

（買　掛　金）	340,000	（電子記録債務）	340,000

4 貸倒れ-前期販売分

4 前期の売上げにより生じた売掛金¥300,000が貸し倒れた。なお、貸倒引当金の残高は¥170,000である。

- 前年度の売掛金が貸し倒れた場合、貸倒引当金を設定している場合は**貸倒引当金**を取り崩して充当します。
- 貸し倒れた金額が貸倒引当金を超える場合、その超えた金額は**貸倒損失（費用）**として処理します。

仕　訳

（貸倒引当金）	170,000	（売　掛　金）	300,000
（貸　倒　損　失）	130,000		

貸倒損失 | 300,000円－170,000円＝**130,000円**

貸倒引当金の金額が不足している場合はその不足額については**貸倒損失（費用）**として処理します。貸倒額と貸倒引当金残高を常に確認しましょう。

5 掛代金の返済

5 仕入先に対する買掛金￥700,000を、普通預金口座を通じて支払った。なお、支払いにあたり振込手数料￥350（当社負担）が発生した。

✓掛代金返済時の振込手数料が当社負担の場合、その振込手数料については**支払手数料（費用）**として処理します。

仕　訳

（買　掛　金）	700,000	（普　通　預　金）	700,350
（支 払 手 数 料）	350		

普通預金｜700,000円+350円＝**700,350円**

6 当座借越-再振替仕訳

6 当期首において、当座借越勘定の残高￥400,000の再振替仕訳を行った。

✓前期末の決算で当座預金勘定の貸方残高を**当座借越（負債）**に振り替えているため、当期首に決算時の逆仕訳を行い元の勘定に振り戻します。

仕　訳

（当　座　借　越）	400,000	（当　座　預　金）	400,000

7 手形貸付金-回収時

7 かねて手形を受け取って貸し付けていた￥500,000の返済期日をむかえ、同額が当座預金口座を通じて振り込まれるとともに、手形を返却した。

✓金銭の貸付時に手形を受け取っている場合、**手形貸付金（資産）**の増加として処理します。なお、本問では返済期日をむかえて金銭を回収しているため、金銭の回収に伴い手形貸付金を減少させます。

仕　訳

（当　座　預　金）	500,000	（手 形 貸 付 金）	500,000

8 役員借入金に関する処理

8 当社の代表取締役から年利率１％、期間１年の条件で¥30,000,000を借り入れた。なお、利息は借入時に計上し、利息を差し引いた残額が当社の普通預金口座に振り込まれた。なお、勘定科目は借入金勘定ではなく、役員からの借入れであることを明示する勘定を用いることとした。

問題文の指示により、役員からの金銭の借り入れを明示する勘定科目、本問の選択肢では**役員借入金（負債）**の増加として処理します。

仕訳

（普通預金）	29,700,000	（役員借入金）	30,000,000
（支払利息）	300,000		

支払利息｜30,000,000円×１％＝**300,000円**
普通預金｜30,000,000円－300,000円＝**29,700,000円**

9 固定資産-購入時

9 新店舗建設目的で購入した土地について建設会社に依頼していた整地作業が完了し、その代金¥250,000を普通預金口座から振り込んだ。

固定資産の取得原価は、固定資産の代金に購入手数料や整地費用などの付随費用を含め**土地（資産）**の増加として処理します。

仕訳

（土地）	250,000	（普通預金）	250,000

10 税金-固定資産税の納付

10 建物および土地の固定資産税¥600,000の納付書を受け取り、現金で納付した。なお、当社では固定資産税の納税通知書を受け取った時点で全額を未払金として処理している。

問題文に「未払金として処理している」とあるため、**未払金（負債）**の減少として処理します。

仕 訳

（未 払 金）	600,000	（現 金）	600,000

本問では固定資産税の納付書を受け取った時点ではまだ支払っていないため、**未払金（負債）**の増加として処理しています。

【納税通知書受取時の仕訳】

（租 税 公 課）	600,000	（未 払 金）	600,000

なお、納税通知書を受け取った時点でただちに納付する場合は普通預金などで処理しますので、問題文で納付の有無をよく確認しましょう。

11 証ひょう-領収書

11 従業員の出張精算を行ったところ、出張旅費を本人が立て替えて支払っていた下記の領収書を提示したので、精算金額を現金で手渡した。

> No. 1155
> ×1年12月10日
>
> 領 収 書
>
> 水戸株式会社 様
>
> ¥ 36,500
>
> 但し 旅客運賃として
> 上記金額を領収いたしました。
>
> ▲▲旅客鉄道株式会社（公印省略）
> ●●駅発行 取扱者（捺印省略）

✔ 領収書で交通費の支払いと判断し、**旅費交通費（費用）**として処理します。

仕 訳

（旅 費 交 通 費）	36,500	（現 金）	36,500

12 税金-法人税、住民税及び事業税

12 当社は確定申告にあたり、未払法人税等¥125,000につき当座預金口座を通じて納付した。

✔ 決算時に未払法人税等を計上しているので、納付時ではこの**未払法人税等（負債）**を減少させるとともに、**当座預金（資産）**の減少として処理します。

仕 訳

（未払法人税等）	125,000	（当座預金）	125,000

13 決算振替仕訳

13 損益勘定の記録によると、当期の収益総額は￥2,300,000、費用総額は￥2,800,000であり、この差額を繰越利益剰余金へ振り替えた。

- ✓ 損益勘定に集計されている収益総額と費用総額の差額を**繰越利益剰余金（資本）**として処理します。
- ✓ 当期純損失の場合、繰越利益剰余金の借方へ計上します。

仕 訳

（繰越利益剰余金）	500,000	（損益）	500,000

繰越利益剰余金 ｜ 2,300,000円－2,800,000円＝**－500,000円**

損益勘定は次のようになります。当期純利益の場合と比較して学習しましょう。

損　　益

費用合計　2,800,000	収益合計　2,300,000
	当期純損失:500, 000円

14 保管費に関する処理

14 当社では商品の保管を外部の倉庫業者に委託しており、月額の倉庫使用料￥80,000が普通預金口座から引き落とされた。

- ✓ 倉庫を倉庫業者から借りている場合、その費用は**保管費（費用）**として処理します。

仕 訳

（保管費）	80,000	（普通預金）	80,000

15 証ひょう-法人税等の領収証書

15 以下の納付書にもとづき、当社の普通預金口座から法人税を振り込んだ。

領　収　証　書

科目	
	法人税

本　　税	400,000
○○○税	
△　△　税	
□□税	
××税	
合計額	¥400,000

納期等の区分	X20401 X30331
中間（○印）　確定	

住所	東京都甲府市○○
氏名	株式会社甲府物産

出納印
X2. 11. 20
関東銀行

- 問題文からはこの取引が中間納付か確定申告かが判断できませんので、領収証書の記載内容より中間申告時の支払いと判断します。
- 中間申告のため、半年分の概算額を**仮払法人税等（資産）**の増加として処理します。

仕　訳

（仮払法人税等）	400,000	（普　通　預　金）	400,000

第２問 解答　合計20点

1 勘定記入（各２点）

解　答

（エ　受　取　家　賃）

(3/31)	(イ 前受家賃)	(1,725,000)	(4/1)	(イ 前受家賃)	(540,000)
(3/31)	(キ 損　　益)	(1,515,000)	11/1	普通預金	(1,800,000)
			1/1	普通預金	(900,000)
		(3,240,000)			(3,240,000)

（イ　前　受　家　賃）

(4/ 1)	(エ 受取家賃)	(540,000)	4/1	前期繰越	(540,000)
(3/31)	(カ 次期繰越)	(1,725,000)	(3/31)	(エ 受取家賃)	(1,725,000)
		(2,265,000)			(2,265,000)

解　説

1 取引の仕訳

再振替仕訳、期中取引および決算整理仕訳を行い勘定科目に転記します。

① ×1年４月１日　再振替仕訳(甲物件)

期首に甲物件に関する再振替仕訳をします。なお、金額は甲物件の１か月あたりの家賃に未経過月数を乗じて計算します。

(前　受　家　賃)	540,000	(受　取　家　賃)	540,000

前受家賃 | 60,000円×９か月(４月１日～12月31日)＝**540,000円**

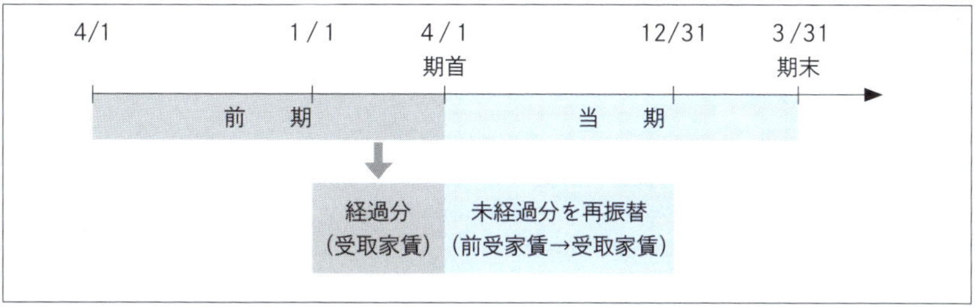

②　×1年11月1日　家賃の受け取りに関する処理(乙物件)

乙物件の家賃の受け取りに関する仕訳をします。

(普　通　預　金)	1,800,000	(受　取　家　賃)	1,800,000

受取家賃｜150,000円×12か月(11月1日～10月31日)＝**1,800,000円**

③　×2年1月1日　家賃の受け取りに関する処理(甲物件)

甲物件の家賃の受け取りに関する仕訳をします。

(普　通　預　金)	900,000	(受　取　家　賃)	900,000

受取家賃｜75,000円×12か月(1月1日～12月31日)＝**900,000円**

④　×2年3月31日　決算に関する処理

甲物件および乙物件の家賃の前受けに関する決算整理仕訳をします。

1. 甲物件に関する処理

受取家賃のうち、まだ経過していないにもかかわらず受け取っている前受金額については、**受取家賃（収益）**を減らすとともに**前受家賃（負債）**の増加として処理します。

(受　取　家　賃)	675,000	(前　受　家　賃)	675,000

前受家賃｜75,000円×9か月(4月1日～12月31日)＝**675,000円**

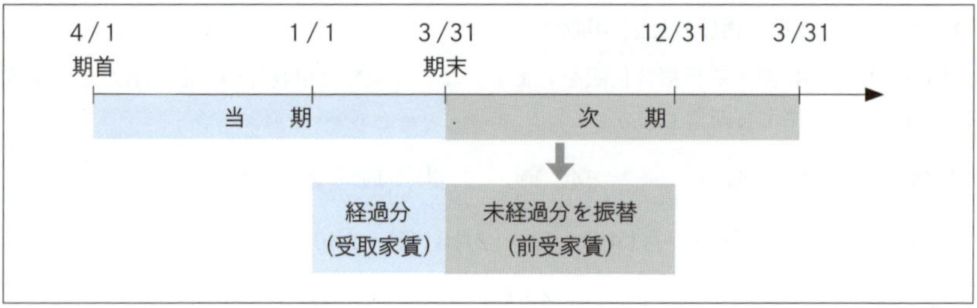

2. 乙物件に関する処理

甲物件と同様、まだ経過していないにもかかわらず受け取っている前受金額については、**受取家賃（収益）**を減らすとともに**前受家賃（負債）**の増加として処理します。

(受　取　家　賃)	1,050,000	(前　受　家　賃)	1,050,000

前受家賃｜150,000円×7か月(4月1日～10月31日)＝**1,050,000円**

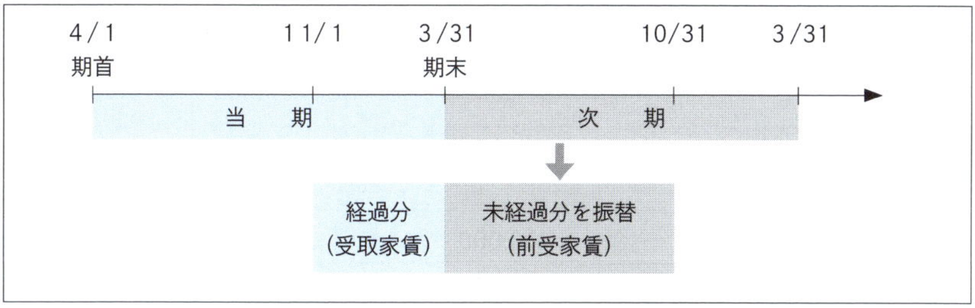

⑤ 決算振替仕訳

収益項目および費用項目を損益に振り替えます。本問では受取家賃が該当します。

(受　取　家　賃)	1,515,000	(損　　　　益)	1,515,000

損益 | 受取家賃勘定の**貸借差額**

2 勘定の締め切り

受取家賃勘定および前受家賃勘定を締め切ります。なお、前受家賃勘定の貸借差額は次期繰越と記入します。

仕訳自体は簡単ですがケアレスミスをしやすいので、計算用紙に仕訳を書き、転記する勘定と金額を確認しながら解答を記入しましょう。

2 証ひょうからの仕訳(仕訳1組につき各2点)

解　答

	借方			貸方		
	記号		金額	記号		金額
(1)	エ	売掛金	450,000	カ	売上	450,000
(2)	ク	仕入	450,000	オ	買掛金	450,000
(3)	イ	普通預金	450,000	エ	売掛金	450,000
(4)	オ	買掛金	450,000	ウ	当座預金	450,450
	ケ	支払手数料	450			

解　説

1 商品発送時の水戸農機の仕訳

水戸農機株式会社は営業目的で耕運機を販売しているので**売上（収益）**で処理します。

また、納品書兼請求書に振込期限が記載されており、掛けで販売したと読み取れるので**売掛金（資産）**の増加として処理します。

2 商品受取時の横浜商事の仕訳

株式会社横浜商事は営業目的で耕運機を購入しているので**仕入（費用）**で処理します。

また、納品書兼請求書に振込期限が記載されており、掛けで購入したと読み取れるので**買掛金（負債）**の増加として処理します。

3 販売代金の振り込みを受けたときの水戸農機の仕訳

販売代金の振り込みを受けたので、**売掛金（資産）**の減少として処理します。

また、振込先は納品書兼請求書に「普通」と記載がありますので、**普通預金（資産）**の増加として処理します。

4 購入代金を振り込んだときの横浜商事の仕訳

まず、当座勘定照合表に記載があることから、当座預金口座より支払いをしていると読み取れます。したがって、**当座預金（資産）**の減少として処理します。

次に、当座勘定照合表の取引日から購入代金の支払いおよび振込手数料の支払いについて処理していると読み取れるので、それぞれ**買掛金（負債）**の減少、**支払手数料（費用）**の発生として処理します。

第3問 解答　合計35点（ 各3点 、各2点 ）

貸借対照表

×3年3月31日　　（単位：円）

現金		(364,000)	買掛金	(579,000)
普通預金		(416,000)	借入金	(1,200,000)
売掛金	(930,000)		（未払）費用	(45,000)
貸倒引当金	△(18,600)	(911,400)	(未払) 法人税等	(450,000)
商品		(330,000)	資本金	(1,170,000)
貯蔵品		(5,500)	繰越利益剰余金	(1,489,900)
未収入金		(60,000)		
（前払）費用		(30,000)		
建物	(1,040,000)			
減価償却累計額	△(559,000)	(481,000)		
備品	(975,000)			
減価償却累計額	△(559,000)	(416,000)		
土地		(1,920,000)		
		(4,933,900)		(4,933,900)

損益計算書

×2年4月1日から×3年3月31日まで　　（単位：円）

売上原価	(5,738,000)	売上高	(8,450,000)
給料	(880,000)	固定資産売却益	(490,000)
支払家賃	(360,000)		
租税公課	(76,500)		
保険料	(220,000)		
貸倒引当金繰入	(5,600)		
減価償却費	(247,000)		
支払利息	(6,000)		
法人税等	(450,000)		
当期純利益	(956,900)		
	(8,940,000)		(8,940,000)

第3問は30点を目標にして頑張りましょう！

第3問 解説

1 全体像の把握

貸借対照表と損益計算書の作成で、決算整理事項は標準的なレベルです。ただし、誤記入、経過勘定の処理など一部読み取りづらい内容もありますので、解答しやすい部分から解答しましょう。

2 決算整理事項等

① 仕入の返品に関する処理（未処理事項）

仕入れた商品を返品しているので、商品の仕入時の仕訳の逆仕訳をします。

（買掛金）	84,000	（仕入）	84,000

② 仮払金に関する処理

仮払金の内訳がすべて収入印紙の購入と判明しているので、その使用分については**租税公課（費用）**として処理し、未使用分については**貯蔵品（資産）**の増加として処理します。

（租税公課）	40,000	（仮払金）	45,500
（貯蔵品）	5,500		

貯蔵品｜45,500円－40,000円＝**5,500円**

③ 土地の売却に関する処理

土地の売却代金を仮受金として処理しているため、**土地（資産）**の減少として処理するとともに、売却差額を**固定資産売却益（収益）**として処理します。

（仮受金）	1,690,000	（土地）	1,200,000
		（固定資産売却益）	490,000

固定資産売却益｜1,690,000円－1,200,000円＝**490,000円**

④ 保険の解約に関する処理

問題文の指示にしたがって、3月以降の保険料3か月分（3月～5月）につき**未収入金（資産）**の増加として処理するとともに、6月にすでに支払済みの**保険料（費用）**を減少させます。

（未収入金）	60,000	（保険料）	60,000

未収入金｜$240{,}000\text{円} \times \dfrac{3\text{か月}(\times 3\text{年}3\text{月}\sim\times 3\text{年}5\text{月})}{12\text{か月}(\times 2\text{年}6\text{月}\sim\times 3\text{年}5\text{月})} = \mathbf{60{,}000\text{円}}$

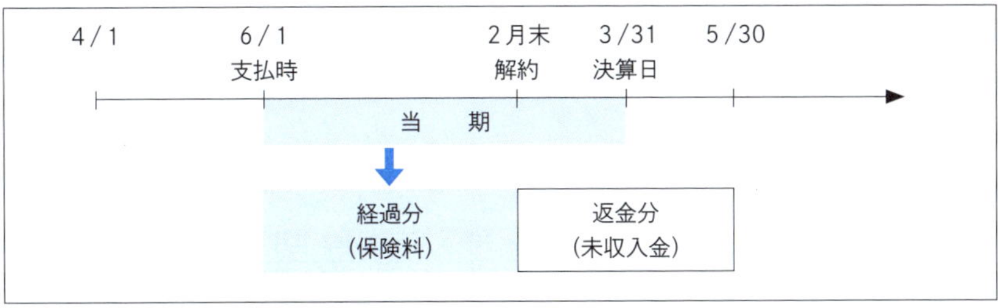

⑤ 貸倒引当金の設定に関する処理

売掛金の期末残高を基準に貸倒引当金を設定します。

(貸倒引当金繰入)	5,600	(貸倒引当金)	5,600

貸倒引当金繰入 | (930,000円×2%)－13,000円＝**5,600円**

⑥ 売上原価に関する処理

期首の繰越商品を仕入に振り替えます。また、期末に在庫として残っている商品を仕入から繰越商品に振り替えて売上原価を計算します。

(仕入)	624,000	(繰越商品)	624,000
(繰越商品)	330,000	(仕入)	330,000

■仕入勘定と繰越商品勘定の流れ

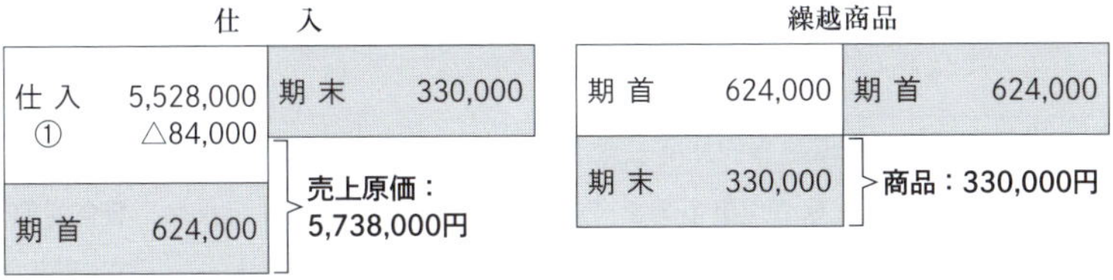

⑦ 減価償却に関する処理

建物および備品の減価償却費を計上します。

1. 建物に関する処理

(減価償却費)	52,000	(建物減価償却累計額)	52,000

減価償却費 | 1,040,000円÷20年＝**52,000円**

2. 備品に関する処理

(減価償却費)	195,000	(備品減価償却累計額)	195,000

減価償却費 | 975,000円÷5年＝**195,000円**

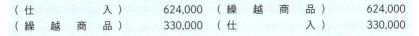

⑧ 借入金に関する処理（前払費用）

本問では借入時に支払うべき利息分を差し引いています。したがって、決算時では前払分の利息を**前払利息（資産）**として処理します。

（前　払　利　息）	30,000	（支　払　利　息）	30,000

前払利息｜1,200,000円×３％×$\frac{10か月（×3年4月〜×4年1月）}{12か月（×3年2月〜×4年1月）}$＝**30,000円**

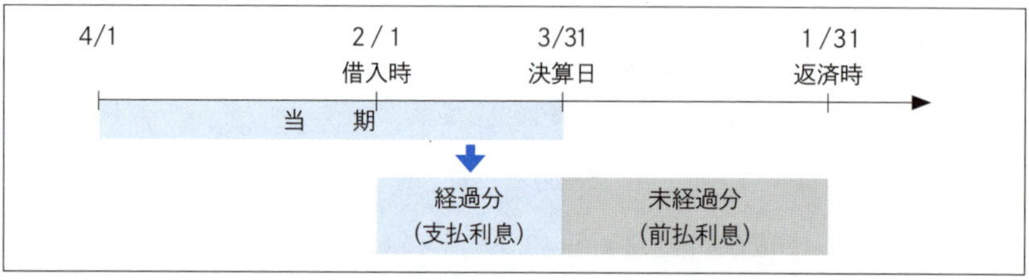

⑨ 給料に関する処理（未払費用）

給料の未払部分に関しては、**未払給料（負債）**の増加として処理します。

（給　　　料）	45,000	（未　払　給　料）	45,000

⑩ 法人税に関する処理

法人税等を計上する場合、相手勘定は**未払法人税等（負債）**で処理します。

（法　人　税　等）	450,000	（未 払 法 人 税 等）	450,000

3 貸借対照表と損益計算書の作成

残高試算表の金額に決算整理事項等を考慮した金額で作成します。なお、貸借対照表の繰越利益剰余金と損益計算書の当期純利益の関係は次のとおりです。

■当期純利益と繰越利益剰余金の関係

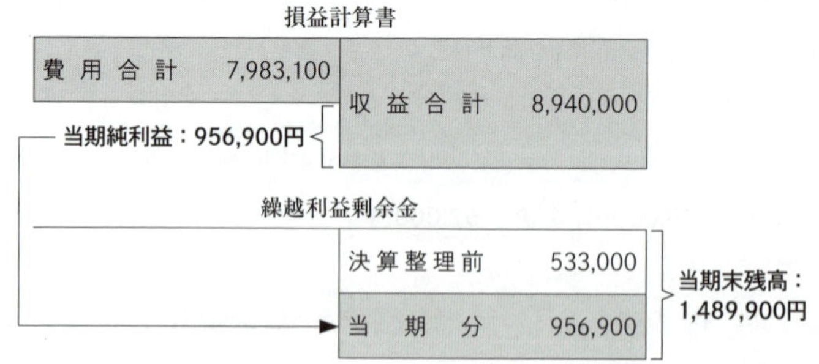

本問で決算整理後残高試算表を作成した場合、次のようになります。貸借対照表、損益計算書との違いを確認しておきましょう。

【参考】決算整理後残高試算表

残高試算表

借方残高	勘定科目	貸方残高
364,000	現金	
416,000	普通預金	
930,000	売掛金	
330,000	繰越商品	
5,500	貯蔵品	
60,000	未収入金	
30,000	前払利息	
1,040,000	建物	
975,000	備品	
1,920,000	土地	
	買掛金	579,000
	借入金	1,200,000
	未払給料	45,000
	未払法人税等	450,000
	貸倒引当金	18,600
	建物減価償却累計額	559,000
	備品減価償却累計額	559,000
	資本金	1,170,000
	繰越利益剰余金	533,000
	売上	8,450,000
	固定資産売却益	490,000
5,738,000	仕入	
880,000	給料	
360,000	支払家賃	
76,500	租税公課	
220,000	保険料	
5,600	貸倒引当金繰入	
247,000	減価償却費	
6,000	支払利息	
450,000	法人税等	
14,053,600		14,053,600

第8回 日商簿記3級予想問題　解答・解説

	第1問	第2問	第3問	合計
配　点	45点	20点	35点	100点
目標点	39点	16点	30点	85点
1回目	点	点	点	点
2回目	点	点	点	点

解答順序とアドバイス

第1問（20分）

- まず問題文全体を確認し、時間配分を考慮して確実に解答できる問題から解きましょう。少しでも考えさせられる問題と判断したら後回しにしましょう。
- ネット試験の受験の場合、例えば、「普通預金」と「当座預金」など、似ている勘定科目のプルダウンでの選択ミスをしないように注意しましょう。
- 統一試験の受験の場合、似ている勘定科目の記号の転記ミスに注意しましょう。答案用紙への転記の順序（例えば金額→記号など）をあらかじめ決めておきましょう。
- 問12を除き標準レベルの問題です。標準レベルの問題は正解できるように復習しましょう。
- 証ひょうの問題（問15）は、問われる仕訳は基本的な内容ですので、得意分野になるまで繰り返し復習しましょう。

↓

第3問（25分）

- 本問は決算整理後残高試算表の作成問題です。
- 未処理事項や仕訳の誤記入がある場合、まずはその修正仕訳を行い、その後、貸倒引当金の設定や減価償却などの決算特有の処理を行いましょう。

↓

第2問（15分）

全体
- まず問題文全体を確認し、時間配分を考慮して確実に解答できる問題から解きましょう。少しでも考えさせられる問題と判断したら後回しにしましょう。

問1
- 本問は現金出納帳、売上帳、買掛金元帳に関する出題です。
- 日付ごとに仕訳が問われているので、各帳簿の日付に注意して解きましょう。

問2
- 商品有高帳は、内容は簡単ですが答案用紙に記入するのに時間がかかります。したがって、全体の時間配分に注意して解答しましょう。

第１問 解答（仕訳１組につき各３点） 合計45点

	借方			貸方		
	記号		金額	記号		金額
1	エ	買掛金	250,000	オ	仕入	250,000
2	オ	受取手形	370,000	ウ	売掛金	370,000
3	ウ	買掛金	450,000	ア	支払手形	450,000
	カ	通信費	450	オ	現金	450
4	イ	当座預金	3,000,000	ア	普通預金	3,000,000
	エ	支払手数料	4,000	カ	現金	4,000
5	カ	当座預金	1,822,500	エ	貸付金	1,800,000
				ウ	受取利息	22,500
6	ア	手形借入金	1,000,000	エ	当座預金	1,010,000
	ウ	支払利息	10,000			
7	カ	通信費	3,000	エ	現金	10,500
	ア	租税公課	7,500			
8	オ	仮受消費税	200,000	ア	仮払消費税	120,000
				イ	未払消費税	80,000
9	ウ	仮払法人税等	282,000	オ	普通預金	282,000
10	ア	旅費交通費	18,600	オ	未払金	20,800
	ウ	消耗品費	2,200			
11	ウ	未払利息	12,000	ア	支払利息	12,000
12	イ	法定福利費	48,000	カ	現金	72,000
	ア	社会保険料預り金	6,000			
	オ	従業員立替金	18,000			
13	ア	損益	1,750,000	エ	繰越利益剰余金	1,750,000
14	ウ	備品	415,000	カ	現金	5,000
				オ	未払金	410,000
15	エ	未払消費税	320,000	カ	普通預金	320,000

第１問は最低でも12問は正解してほしいね！

第1問 解説

1 仕入取引-仕入戻し

1 先月末に仕入れた商品¥250,000を返品し、掛代金から差し引くこととした。

仕入れた商品を返品した場合、そもそもその取引がなかったことにするため**仕入（費用）**の取り消しとして処理するとともに、**買掛金（負債）**の減少として処理します。

仕訳

（買掛金）	250,000	（仕入）	250,000

2 手形の受け取り

2 水戸株式会社に対する売掛金¥370,000の決済として、水戸株式会社振出し、当社を名宛人とする約束手形を受け取った。

他社が振り出した約束手形を受け取っているので、**受取手形（資産）**の増加として処理します。

仕訳

（受取手形）	370,000	（売掛金）	370,000

3 手形の振り出し

3 買掛金の支払いとして¥450,000の約束手形を振り出し、仕入先に対して郵送した。なお、郵送代金¥450は現金で支払った。

約束手形を振り出しているので、**支払手形（負債）**の増加として処理します。なお、郵便代金は**通信費（費用）**で処理します。

仕訳

（買掛金）	450,000	（支払手形）	450,000
（通信費）	450	（現金）	450

4 預金に関する処理

4 銀行で当座預金口座を開設し、¥3,000,000を普通預金口座からの振り替えにより当座預金口座に入金した。また、小切手帳の交付を受け、手数料として¥4,000を現金で支払った。

- 当座預金口座を開設した場合、**当座預金（資産）**の増加として処理します。
- 口座開設に関連する手数料は、**支払手数料（費用）**で処理します。

仕 訳

（当座預金）	3,000,000	（普通預金）	3,000,000
（支払手数料）	4,000	（現金）	4,000

5 貸付金-回収時

5 取引先へ短期資金として¥1,800,000を貸し付けていたが、返済期日が到来したため元利合計が当座預金口座に入金された。なお、貸し付けに伴う利率は年1.5%、貸付期間は当期中の10か月であり利息は月割計算する。

- 貸付金を回収する場合、**貸付金（資産）**の減少として処理します。
- 貸付金に関する利息を受け取る場合、**受取利息（収益）**で処理します。
- 元利合計とは、貸し付けた元本とそれに対する利息の合計額のことです。

仕 訳

（当座預金）	1,822,500	（貸付金）	1,800,000
		（受取利息）	22,500

受取利息｜$1{,}800{,}000\text{円} \times 1.5\% \times \dfrac{10\text{か月}}{12\text{か月}} = \mathbf{22{,}500\text{円}}$

当座預金｜1,800,000円＋22,500円＝**1,822,500円**

6 手形借入金-返済時

6 銀行から¥1,000,000を借り入れるとともに同額の約束手形を振り出していたが、本日決済日となり、借入期間の元利合計につき当座預金口座を通じて支払った。なお、借入期間は6か月間、年利率は2％であり、利息は月割計算する。

✓ 金銭の借入時に手形を振り出している場合、手形借入金で処理します。なお、本問では返済期日をむかえて金銭を返済しているため、金銭の返済に伴い**手形借入金（負債）**の減少として処理します。

仕 訳

（手形借入金）	1,000,000	（当座預金）	1,010,000
（支払利息）	10,000		

支払利息 | $1{,}000{,}000円 \times 2\% \times \dfrac{6か月}{12か月} = \mathbf{10{,}000円}$

当座預金 | 1,000,000円＋10,000円＝**1,010,000円**

7 通信費、税金に関する処理

7 郵便切手¥3,000と収入印紙¥7,500を購入し、代金は現金で支払った。なお、これらはすぐに使用した。

✓ 郵便切手は**通信費（費用）**、収入印紙は**租税公課（費用）**で処理します。

✓ 郵便切手や収入印紙は換金性が高いので、期末に未使用分がある場合は**貯蔵品（資産）**に振り替える必要があります。

仕 訳

（通信費）	3,000	（現金）	10,500
（租税公課）	7,500		

現金 | 3,000円＋7,500円＝**10,500円**

8 税金-消費税

8 決算にあたり消費税の納付額を計算し、これを確定した。なお、当期における消費税の仮払分は￥120,000、仮受分は￥200,000であった。

✓ 期中取引で計上された**仮払消費税（資産）**と**仮受消費税（負債）**を相殺し、その差額を**未払消費税（負債）**として処理します。

仕訳

（仮受消費税）	200,000	（仮払消費税）	120,000
		（未払消費税）	80,000

未払消費税 ┃ 200,000円－120,000円＝**80,000円**

9 税金-法人税、住民税及び事業税

9 期中において中間申告を行い、法人税￥150,000、住民税￥98,000および事業税￥34,000につき普通預金口座を通じて納付した。

✓ 中間申告のため、半年分の概算額を**仮払法人税等（資産）**の増加として処理します。

仕訳

（仮払法人税等）	282,000	（普通預金）	282,000

仮払法人税等 ┃ 150,000円＋98,000円＋34,000円＝**282,000円**

10 費用に関する処理

10 従業員が立て替えた諸経費は次のとおりであった。そこで、来月の給料に含めて従業員へ支払うこととし、未払金として処理した。

電車代　￥12,400　　タクシー代　￥6,200　　事務用品　￥2,200

✓ 従業員が立て替えた電車代、タクシー代は**旅費交通費（費用）**、事務用品については**消耗品費（費用）**として処理します。

✓ 立て替え費用は来月の給料に含めて支払うため、**未払金（負債）**の増加として処理します。

仕 訳

（旅費交通費）	18,600	（未払金）	20,800
（消耗品費）	2,200		

旅費交通費｜12,400円＋6,200円＝**18,600円**
未払金｜18,600円＋2,200円＝**20,800円**

11 再振替仕訳

11 前期の決算において未払利息￥12,000を計上していたので、本日（当期首）、再振替仕訳を行った。

- 前期末の決算で未払の利息について**未払利息（負債）**の増加として処理しているため、当期首に決算時の逆仕訳を行い元の勘定に振り戻します。

仕 訳

（未払利息）	12,000	（支払利息）	12,000

12 雇用保険料の納付

12 7月に本年度（3月末日を決算日とする1年）の雇用保険料￥72,000を一括して現金で納付した。そのうち従業員負担分は￥24,000（月額相当額￥2,000）であり、残額は会社負担分である。従業員負担分については、4月から6月までの3か月分￥6,000は、給料から毎月月額相当額を差し引き、7月以降の9か月分￥18,000については、いったん会社が立て替えて支払い、その後の毎月の給料から精算する。

- 雇用保険料は企業、従業員共に負担し、会社負担分は**法定福利費（費用）**で処理します。
- 従業員負担分に関しては、従業員の給料から差し引いた分については**社会保険料預り金（負債）**の減少として処理します。なお、年間の雇用保険料を一括で支払う場合、会社が立て替えた雇用保険料については**従業員立替金（資産）**の増加として処理します。

仕 訳

（法定福利費）	48,000	（現金）	72,000
（社会保険料預り金）	6,000		
（従業員立替金）	18,000		

法定福利費｜72,000円－6,000円－18,000円＝**48,000円**
社会保険料預り金｜2,000円×３か月＝**6,000円**
従業員立替金｜2,000円×９か月＝**18,000円**

雇用保険料に関する問題です。日商簿記３級の出題範囲ですが、難しい内容で出題実績もありませんので、学習に余裕がある方のみマスターしましょう。なお、全体のイメージは次のようになります。

雇用保険料 72,000円	会社負担分 48,000円	**法定福利費（費用）**で処理 48,000円	
	従業員負担分 24,000円	４月から６月 給料より控除	**社会保険料預り金（負債）**で処理 2,000円×３か月＝6,000円
		７月から３月 従業員分を立替	**従業員立替金（資産）**で処理 2,000円×９か月＝18,000円

13 決算振替仕訳

13 当期純利益￥1,750,000を繰越利益剰余金へ振り替えた。

✓ 当期純利益の場合、会社の純資産が増えるため**繰越利益剰余金（資本）**の増加として処理します。

仕訳

（損益）	1,750,000	（繰越利益剰余金）	1,750,000

14 固定資産-購入時

14 大型オフィス機器￥400,000を購入し、搬入設置費用￥15,000を含めた￥415,000のうち￥5,000は現金で支払い、残額は翌月以降の分割払いとした。

✓ 固定資産は、固定資産の代金に設置費用などの付随費用を含めて取得原価とします。本問は大型オフィス機器を購入しているので、**備品（資産）**の増加として処理します。

✓ 翌月以降の分割払いについては、**未払金（負債）**の増加として処理します。

仕訳

（備品）	415,000	（現金）	5,000
		（未払金）	410,000

未払金｜415,000円－5,000円＝**410,000円**

15 証ひょう-消費税の納付

15 以下の納付書にもとづき、当社の普通預金口座から消費税を振り込んだ。

領収証書

科目	
消費税及び地方消費税	

税目	金額
本税	320,000
○○○税	
△△税	
□□税	
××税	
合計額	¥320,000

納期等の区分	X20401 X30331
中間	確定

住所	静岡県伊東市○○
氏名	株式会社伊東運送

出納印
X3.5.20
関東銀行

決算時に未払消費税が計上されているため、確定申告時に**未払消費税（負債）**の減少として処理します。

仕訳

（未払消費税）	320,000	（普通預金）	320,000

第２問 解答 合計20点

1 帳簿の読み取り（仕訳１組につき各２点）

解　答

	借方		貸方	
	記号	金額	記号	金額
４日	ア 仕入	263,000	カ 買掛金	255,000
			エ 現金	8,000
６日	ク 仮払金	35,000	エ 現金	35,000
14日	キ 売掛金	480,000	ウ 売上	480,000
23日	カ 買掛金	100,000	ア 仕入	100,000
31日	イ 現金過不足	6,000	エ 現金	6,000

解　説

1 全体像の把握

現金出納帳、売上帳、買掛金元帳の日付を確認して仕訳を行います。

2 ４日の取引（商品の仕入れ）

現金出納帳および買掛金元帳からの資料を読み取り仕訳をします。なお、当社負担の引取運賃が発生しているので、仕入原価に含めて処理します。

（仕　入）	263,000	（買掛金）	255,000
		（現　金）	8,000

仕入 | 255,000円＋8,000円＝**263,000円**

3 ６日の取引（出張旅費の概算払い）

出張のための費用を概算払いしているので、**仮払金（資産）**の増加として処理します。なお、概算額は現金出納帳の差額で求めます。

（仮払金）	35,000	（現　金）	35,000

仮払金 | 現金出納帳より

379,000円（16日残高）＋428,000円（16日支出）＝807,000円（６日残高）

842,000円（４日残高）－807,000円（６日残高）＝**35,000円**

4 14日の取引（商品の売上げ）

売上帳からの資料を読み取り仕訳をします。

（売　掛　金）	480,000	（売　　上）	480,000

売上｜@32,000円×15個＝**480,000円**

5 19日の取引（商品の売上げ）

現金出納帳および売上帳からの資料を読み取り仕訳をします。

（現　　金）	96,000	（売　　上）	96,000

売上｜@32,000円×３個＝**96,000円**

6 23日の取引（商品の返品）

買掛金元帳から商品の返品が判明します。

（買　掛　金）	100,000	（仕　　入）	100,000

買掛金｜買掛金元帳より
705,000円－605,000円＝**100,000円**
（705,000円：４日残高、605,000円：23日残高）

7 31日の取引（現金過不足の処理）

31日時点の現金の帳簿残高と実際有高との差額を現金過不足として処理します。

（現 金 過 不 足）	6,000	（現　　金）	6,000

現金過不足｜現金出納帳より
475,000円－469,000円＝**6,000円（不足）**
（475,000円：19日残高、469,000円：実際有高）

現金出納帳、売上帳、買掛金元帳の空欄を埋めると次のようになります。空欄を推定し差額を求めないと解けない問題もありますので、判明している空欄から埋めて解ける問題から解き進めましょう。

現　金　出　納　帳

×1年		摘　　要	収　　入	支　　出	残　　高
10	1	前月繰越	850,000		850,000
	4	広島物産からの仕入の引取運賃支払い		8,000	842,000
	6	出張旅費の概算払い		（ **35,000** ）	（ **807,000** ）
	16	当座預金口座へ入金		428,000	379,000
	19	展示会売上	（ **96,000** ）		（ **475,000** ）

売　上　帳

×1年		摘　　要		金　　額
10	14	ＥＣサイト売上	掛	
		ＤＶＤセット	15個　@ ¥ 32,000	(**480,000**)
	19	展示会店頭売上	現金	
		ＤＶＤセット	3個　@ ¥ 32,000	(**96,000**)

買 掛 金 元 帳

広 島 物 産

×1年		摘　　要	借　　方	貸　　方	残　　高
10	1	前月繰越		450,000	450,000
	4	仕入		255,000	705,000
	23	返品商品の代金	(**100,000**)		605,000

2 商品有高帳（各2点）

解　答

問1

商　品　有　高　帳

A　　品　　　（移動平均法）

×2年		摘　　要	受入 数量	受入 単価	受入 金額	払出 数量	払出 単価	払出 金額	残高 数量	残高 単価	残高 金額
9	1	前 月 繰 越	150	400	60,000				150	400	60,000
	7	（**エ 仕　入**）	**50**	**420**	**21,000**				**200**	**405**	**81,000**
	10	（**ウ 売　上**）				**140**	**405**	**56,700**	**60**	**405**	**24,300**
	13	（**オ 売上戻り**）	**40**	**405**	**16,200**				**100**	**405**	**40,500**
	20	（**エ 仕　入**）	**25**	**380**	**9,500**				**125**	**400**	**50,000**
	30	（**イ 次月繰越**）				**125**	**400**	**50,000**			
			265	**−**	**106,700**	**265**	**−**	**106,700**			

問2

売上高	¥　**60,000**
売上原価	¥　**40,500**
売上総利益	¥　**19,500**

解　説

1　商品有高帳の作成(問１)

まず、答案用紙の商品有高帳を作成します。問１は移動平均法で計算しますので、受入の都度、平均単価を計算します。

①　9月7日　仕入時の処理

仕入時の仕訳をするとともに、前月繰越を加味した残高を計算します。

(仕　　入)	21,000	(現 金 な ど)	21,000

受　入	50個×@420円＝**21,000円**
残　高	数量:150個(月初)＋50個(７日)＝**200個** 金額:60,000円(月初)＋21,000円(７日)＝**81,000円** 単価:$\frac{\text{60,000円(月初)＋21,000円(７日)}}{\text{150個(月初)＋50個(７日)}}$＝**405円**

②　9月10日　売上時の処理

７日に計算した単価で計算します。なお、商品の払出単価は原価で計算し、仕訳上の金額は売価で計算します。

(現 金 な ど)	84,000	(売　　上)	84,000

売 上 高	140個×@600円＝**84,000円**
払　出	140個×@405円＝**56,700円**
残　高	200個－140個＝**60個** 60個×@405円＝**24,300円**

③　9月13日　返品時の処理

10日に販売した商品の返品処理を行います。なお、問題文の指示により返品に関しては受入欄に記入します。

(売　　上)	24,000	(現 金 な ど)	24,000

売 上 高	40個×@600円＝**24,000円(減少)**
受　入	40個×@405円＝**16,200円**
残　高	60個＋40個＝**100個** 100個×@405円＝**40,500円**

④ 9月20日　仕入時の処理

仕入時の仕訳をするとともに、残高を計算します。

（仕　　　　入）	9,500	（現　金　な　ど）	9,500

受　　入	25個×@380円＝**9,500円**
残　　高	数量:100個(13日)＋25個(20日)＝**125個** 金額:40,500円(13日)＋9,500円(20日)＝**50,000円** 単価:$\frac{\text{40,500円(13日)}+\text{9,500(20日)}}{\text{100個(13日)}+\text{25個(20日)}}$＝**400円**

⑤ 商品有高帳の締め切り

残高欄の金額を、次月繰越高として払出欄に記入します。

2 売上高、売上原価、売上総利益の計算(問2)

問１で作成した商品有高帳を参考に計算します。

売　上　高	84,000円(10日)－24,000円(13日)＝**60,000円**
売上原価	56,700円(10日)－16,200円(13日)＝**40,500円**
売上総利益	60,000円－40,500円＝**19,500円**

第3問 解答 合計35点（ 各3点 、各2点 ）

決算整理後残高試算表

借方残高	勘定科目	貸方残高
128,700	現金	
512,000	普通預金	
630,000	売掛金	
240,000	繰越商品	
300,000	（前払）地代	
1,500,000	建物	
1,875,000	土地	
	買掛金	290,900
	借入金	800,000
	（未払）利息	4,000
	（未払）法人税等	120,000
	（未払）消費税	265,000
	貸倒引当金	6,300
	建物減価償却累計額	1,499,999
	資本金	1,500,000
	繰越利益剰余金	330,000
	売上	4,850,000
	受取手数料	34,300
	雑益	3,000
	貸倒引当金戻入	1,700
2,210,000	仕入	
1,780,000	給料	
150,000	支払地代	
110,000	支払手数料	
37,499	減価償却費	
12,000	支払利息	
220,000	法人税、住民税及び事業税	
9,705,199		9,705,199

第3問 解説

1 全体像の把握

決算整理後残高試算表の作成問題です。決算整理事項等は標準的なレベルですが、一部読み取りづらい内容もありますので、最初から解くのではなく解答しやすい箇所から解答しましょう。

2 決算整理事項等

① 現金過不足に関する処理

現金の過剰額のうち原因が判明した受取手数料については**受取手数料（収益）**として処理し、判明しなかった金額については**雑益（収益）**で処理します。

（現金過不足）	12,000	（受取手数料）	9,000
		（雑　　　益）	3,000

雑益｜12,000円－9,000円＝**3,000円**

② 売掛金に関する処理（誤処理）

期中に誤った仕訳をしているので、決算時にその誤処理を修正します。

1. 誤った仕訳（帳簿に記入されている仕訳）

78,000円と記帳しなければならないところ、87,000円と記帳しています。

（普通預金）	87,000	（売掛金）	87,000

2. 誤った仕訳の逆仕訳

誤った仕訳の反対の仕訳をします。

（売掛金）	87,000	（普通預金）	87,000

3. 正しい仕訳

入金額を78,000円で記帳します。

（普通預金）	78,000	（売掛金）	78,000

4. 訂正仕訳（2＋3）

普通預金、および売掛金の金額を正しい仕訳に修正します。

（売掛金）	9,000	（普通預金）	9,000

売掛金｜87,000円－78,000円＝**9,000円**

③ 消費税に関する処理

預かっている消費税（仮受消費税）とすでに支払った消費税（仮払消費税）の差額を、**未払消費税（負債）**の増加として処理します。

（仮受消費税）	485,000	（仮払消費税）	220,000
		（未払消費税）	265,000

未払消費税 ｜ 485,000円－220,000円＝**265,000円**

④ 貸倒引当金の設定に関する処理

売掛金の期末残高を基準に貸倒引当金を設定します。本問では貸倒引当金残高が設定額を上回っているため、**貸倒引当金戻入（収益）**として処理します。

（貸倒引当金）	1,700	（貸倒引当金戻入）	1,700

貸倒引当金戻入 ｜ (621,000円＋9,000円)×1％＝6,300円
（9,000円：②誤処理）
8,000円－6,300円＝**1,700円(戻入)**

⑤ 売上原価に関する処理

期首の繰越商品を仕入に振り替えます。また、期末に在庫として残っている商品を仕入から繰越商品に振り替えて売上原価を計算します。

（仕入）	250,000	（繰越商品）	250,000
（繰越商品）	240,000	（仕入）	240,000

■仕入勘定と繰越商品勘定の流れ

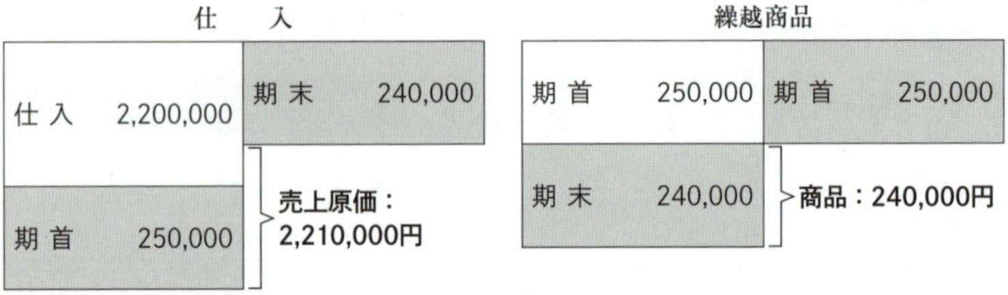

⑥ 減価償却に関する処理

建物の減価償却費を計上します。なお、本年度で減価償却が終了するので、問題文の指示により備忘記録として帳簿価額を1円とします。

（減価償却費）	37,499	（建物減価償却累計額）	37,499

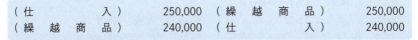

減価償却費｜1,500,000円÷40年＝37,500円
37,500円－1円＝**37,499円**
（1円：備忘記録）

備忘記録とは、耐用年数を終了した資産について、資産がまだ存在していることを帳簿上に残すために用いる記録です。会計上の価値はゼロですが資産としては会社に存在しているので、1円として帳簿上に残します。

⑦ 支払利息に関する処理（未払利息）

支払利息のうち、すでに経過しているにもかかわらず支払っていない未払金額については**未払利息（負債）**の増加として処理します。

（支　払　利　息）	4,000	（未　払　利　息）	4,000

未払利息｜

$$800{,}000円 \times 2\% \times \frac{3か月（\times 3年1月\sim\times 3年3月）}{12か月（\times 2年7月\sim\times 3年6月）} = \mathbf{4{,}000円}$$

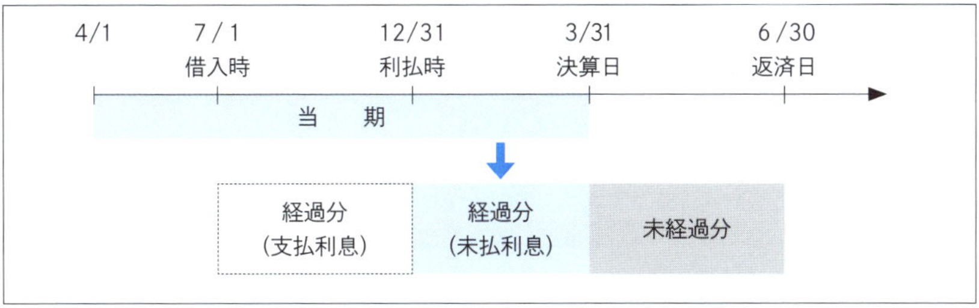

⑧ 支払地代に関する処理（前払地代）

支払地代のうち、まだ経過していないにもかかわらず支払っている前払金額については**前払地代（資産）**の増加として処理します。

（前　払　地　代）	300,000	（支　払　地　代）	300,000

支払地代｜

$$450{,}000円 \times \frac{4か月（\times 3年4月\sim\times 3年7月）}{6か月（\times 3年2月\sim\times 3年7月）} = \mathbf{300{,}000円}$$

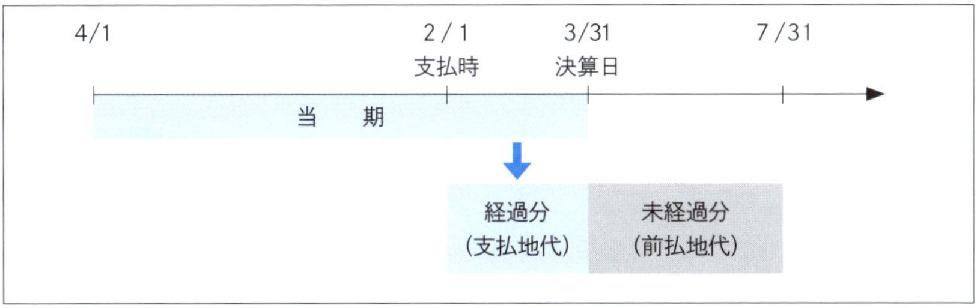

⑨ 法人税に関する処理

法人税を計上する場合、**仮払法人税等（資産）**がある場合はその金額を充当し、不足金額について**未払法人税等（負債）**の増加として処理します。

（ 法人税、住民税及び事業税 ）	220,000	（ 仮 払 法 人 税 等 ）	100,000
		（ 未 払 法 人 税 等 ）	120,000

未払法人税等 ┃ 220,000円－100,000円＝**120,000円**

【著　者】
滝澤ななみ（たきざわ・ななみ）

簿記、ＦＰ、宅建士など多くの資格書を執筆している。主な著書は『スッキリわかる日商簿記』１～３級（16年連続全国チェーン売上第１位[※1]）、『みんなが欲しかった！簿記の教科書・問題集』日商２・３級、『みんなが欲しかった！ＦＰの教科書』２・３級（11年連続売上第１位[※2]）、『みんなが欲しかった！ＦＰの問題集』２・３級など。

※１　紀伊國屋書店PubLine/丸善ジュンク堂書店　2009年1月～2024年12月（各社調べ、50音順）

※２　紀伊國屋書店PubLine調べ　2014年１月～2024年12月

〈ホームページ〉『滝澤ななみのすすめ！』
著者が運営する簿記・ＦＰ・宅建士に関する情報サイト。
ネット試験対応の練習問題も掲載しています。
URL：https://takizawananami-susume.jp/

・装　　　　丁：小川あづさ（ATOZデザイン株式会社）
・本文デザイン：大野虹太郎（ラグタイム）
・本文イラスト：奥村菜々実

勝者《しょうしゃ》の日商《にっしょう》簿《ぼ》記《き》３級《きゅう》
本《ほん》試《し》験《けん》を徹底分析《てっていぶんせき》した予《よ》想《そう》模《も》試《し》 2025年《ねん》度《ど》版《ばん》

2025年 5 月11日　　初　版　第1刷発行

著　　者　滝　澤　な　な　み
発 行 者　多　田　敏　男
発 行 所　TAC株式会社　出版事業部
（TAC出版）
〒101-8383
東京都千代田区神田三崎町3-2-18
電 話 03（5276）9492（営業）
FAX 03（5276）9674
https://shuppan.tac-school.co.jp
企画制作　Simple Design Lab 合同会社
印　　刷　株 式 会 社 光 邦
製　　本　東京美術紙工協業組合

ISBN 978-4-300-11859-7
N.D.C. 336

書籍の正誤に関するご確認とお問合せについて

書籍の記載内容に誤りではないかと思われる箇所がございましたら、以下の手順にてご確認とお問合せをしてくださいますよう、お願い申し上げます。

なお、正誤のお問合せ以外の**書籍内容に関する解説および受験指導などは、一切行っておりません。**

そのようなお問合せにつきましては、お答えいたしかねますので、あらかじめご了承ください。

1 「Cyber Book Store」にて正誤表を確認する

TAC出版書籍販売サイト「Cyber Book Store」のトップページ内「正誤表」コーナーにて、正誤表をご確認ください。

CYBER BOOK STORE TAC出版書籍販売サイト

URL:https://bookstore.tac-school.co.jp/

2 1の正誤表がない、あるいは正誤表に該当箇所の記載がない ⇒ 下記①、②のどちらかの方法で文書にて問合せをする

★ご注意ください★

お電話でのお問合せは、お受けいたしません。

①、②のどちらの方法でも、お問合せの際には、「お名前」とともに、

「対象の書籍名(○級・第○回対策も含む)およびその版数(第○版・○○年度版など)」

「お問合せ該当箇所の頁数と行数」

「誤りと思われる記載」

「正しいとお考えになる記載とその根拠」

を明記してください。

なお、回答までに1週間前後を要する場合もございます。あらかじめご了承ください。

① ウェブページ「Cyber Book Store」内の「お問合せフォーム」より問合せをする

【お問合せフォームアドレス】

https://bookstore.tac-school.co.jp/inquiry/

② メールにより問合せをする

【メール宛先 TAC出版】

syuppan-h@tac-school.co.jp

※土日祝日はお問合せ対応をおこなっておりません。

※正誤のお問合せ対応は、該当書籍の改訂版刊行月末日までといたします。

乱丁・落丁による交換は、該当書籍の改訂版刊行月末日までといたします。なお、書籍の在庫状況等により、お受けできない場合もございます。

また、各種本試験の実施の延期、中止を理由とした本書の返品はお受けいたしません。返金もいたしかねますので、あらかじめご了承くださいますようお願い申し上げます。

(2022年7月現在)

勝者の日商簿記３級　本試験徹底分析予想模試

2025年度版

〈別冊〉問題用紙・答案用紙

別冊の使い方

この用紙を残したまま、冊子をていねいに抜き取ってください。
色紙は本体から取れませんのでご注意ください。
また、冊子をコピーすれば、何度でも活用することができます。

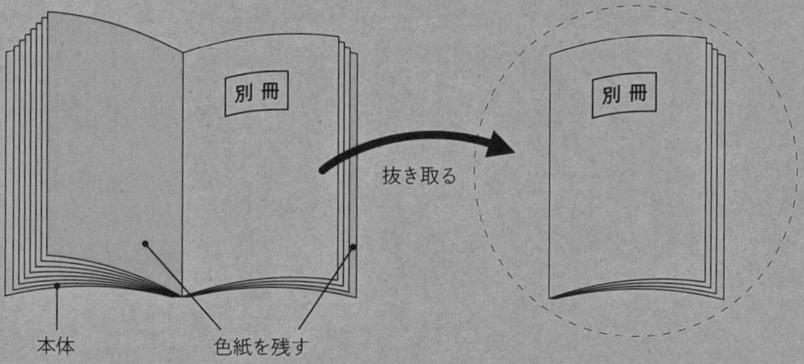

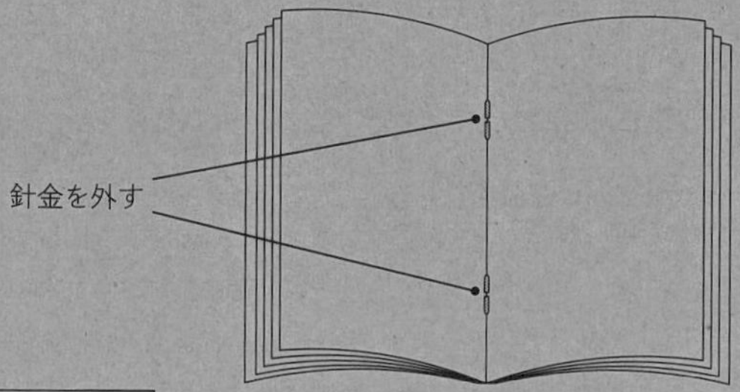

別冊ご利用時の注意

抜き取りの際の損傷についてのお取替えは
ご遠慮願います。

答案用紙は下記からもダウンロードすることができます。

https://bookstore.tac-school.co.jp/

※ダウンロードデータを許可なく配布したりWebサイト等に転載したりすることはできません。
　また、本データは予告なく終了することがあります。あらかじめご了承ください。

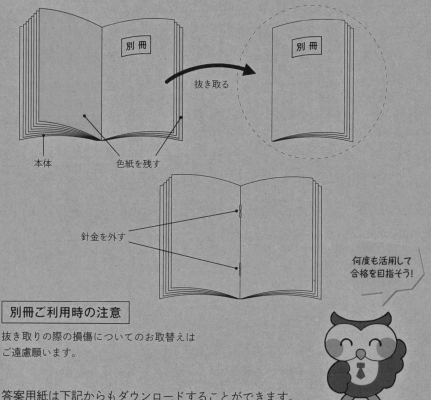

日商簿記３級予想問題　第１回　問題

第１問（45点）

下記の各取引について仕訳しなさい。ただし、勘定科目は、各取引の下の勘定科目の中から最も適当と思われるものを選び、記号で選択すること。なお、消費税については指示がある問題のみ考慮し、各取引は独立しているものとする。

1．仕入先の札幌株式会社に注文していた商品￥500,000が到着した。なお、代金のうち￥200,000は札幌株式会社宛ての約束手形を振り出し、￥50,000はすでに支払っていた手付金と相殺し、残額は掛けとした。

ア．仕入	イ．支払手形	ウ．買掛金
エ．前払金	オ．未払金	カ．前受金

2．得意先那覇商店に商品を売り上げ、代金については注文時の手付金￥50,000と相殺し、残りの金額に送料￥12,000を加えた合計額￥262,000を掛けとした。また、同時に配送業者へ商品を引き渡し、送料￥12,000は後日支払うことにした。

ア．売上	イ．立替金	ウ．売掛金
エ．発送費	オ．前受金	カ．未払金

3．当社は得意先である横浜株式会社に対する売掛金￥340,000について、同社の承諾を得て、取引銀行を通じて電子記録債権の発生記録を行った。

ア．売掛金	イ．買掛金	ウ．支払手形
エ．受取手形	オ．電子記録債権	カ．電子記録債務

4．昨年度に得意先が倒産し、そのさいに売掛金￥800,000の貸倒処理を行っていたが、本日、得意先の清算に伴い￥120,000の分配を受け、同額が普通預金口座へ振り込まれた。

ア．普通預金	イ．当座預金	ウ．売掛金
エ．貸倒引当金	オ．償却債権取立益	カ．貸倒損失

10．今月分の従業員に対する給料￥1,000,000を、所得税の源泉徴収分￥70,000および健康保険・厚生年金の社会保険料合計￥94,000、さらに会社側が立て替えて支払った雇用保険の従業員負担分である月額相当額￥4,500を控除し、各従業員の銀行口座へ普通預金口座から振り込んだ。

ア．所得税預り金　イ．普通預金　ウ．社会保険料預り金
エ．従業員立替金　オ．給料　カ．現金

11．決算日において、売上勘定の貸方残高￥2,500,000を損益勘定に振り替えた。

ア．売上　イ．仕入　ウ．繰越利益剰余金
エ．損益　オ．売上原価　カ．売掛金

12．従業員が業務用のＩＣカードから旅費交通費￥8,200および消耗品費￥800を支払った。なお、ＩＣカードのチャージ（入金）については、チャージ時に仮払金として処理している。

ア．仮払金　イ．仮受金　ウ．旅費交通費
エ．消耗品費　オ．電子記録債権　カ．支払手数料

13．決算において、税引前当期純利益￥1,500,000の30％を法人税、住民税及び事業税に計上した。なお、当社は中間納付として￥300,000を納付しており、仮払法人税等で処理している。

ア．法人税、住民税及び事業税　イ．仮払法人税等　ウ．未払法人税等
エ．損益　オ．繰越利益剰余金　カ．現金

14．商品を仕入れ、品物とともに次の納品書を受け取り、代金は後日支払うこととした（税抜方式）。

納　品　書

株式会社千葉商事　御中

長野株式会社

第２問（20点）

（１）

次の［**資料**］にもとづいて、答案用紙の空欄にあてはまる金額を答えなさい。

当社の決算日は毎年３月31日であり、固定資産は定額法、残存価額はゼロで減価償却が行われており、減価償却費は月割計算によって計上すること。なお、耐用年数が経過した固定資産については償却済み資産として備忘記録を残すため、帳簿価額を１円としている。

［**資料**］

固定資産台帳

×4年３月31日現在

取得年月日	名称等	期末数量	耐用年数	期首(期中取得)取得原価	期首減価償却累計額	差引期首（期中取得）帳簿価額	当期減価償却費
備品							
×0年４月１日	備品Ａ	1	４年	2,000,000	1,500,000	500,000	(　　　)
×2年10月１日	備品Ｂ	1	６年	1,200,000	100,000	1,100,000	(　　　)
×3年６月１日	備品Ｃ	1	８年	960,000	0	960,000	(　　　)
小　計				4,160,000	1,600,000	2,560,000	(　　　)

備　品

日付	摘要	借方	日付	摘要	貸方

第３問（35点）

次の［**資料１**］と［**資料２**］にもとづいて、答案用紙の貸借対照表と損益計算書を完成しなさい。会計期間はX2年4月1日からX3年3月31日までの1年間であり、消費税の仮受け、仮払いは売上時、仕入時のみ行うものとし、4．以外は消費税を考慮しないこと。

［**資料１**］決算整理前残高試算表

借　　方	勘 定 科 目	貸　　方
415,500	現金	
7,500	現金過不足	
1,452,000	当座預金	
1,250,000	売掛金	
180,000	繰越商品	
12,000	仮払金	
425,000	仮払消費税	
800,000	貸付金	
1,500,000	建物	
450,000	備品	

［**資料２**］決算整理事項等

1．現金過不足につき、その原因を調査したところ通信費¥5,000の記帳もれが判明した。しかし、残額については原因不明のため適切な処理を行う。

2．決算日までに、得意先から掛代金¥100,000の支払いとして取引銀行の当座預金口座に振り込みがあったが未処理である。

3．仮払金の残高は、収入印紙の購入にあてたものであることが判明した。なお、この印紙の内、¥5,000は使用済みで残りは未使用である。

4．消費税の処理を行う。なお、当社は税抜方式を採用している。

5．売掛金の期末残高に対して２％の貸倒引当金を差額補充法により設定する

日商簿記３級予想問題　第２回　問題　　３ 級 ① 商 業 簿 記

第１問（45点）

　下記の各取引について仕訳しなさい。ただし、勘定科目は、各取引の下の勘定科目の中から最も適当と思われるものを選び、記号で選択すること。なお、消費税については指示がある問題のみ考慮し、各取引は独立しているものとする。

１．仕入先の青森株式会社から商品￥150,000を仕入れ、商品代金の20％は手付金としてあらかじめ支払済みであるため相殺し、残額は掛けとした。なお、商品の発送費用（先方負担）￥6,000を運送会社に現金で立替払いし、掛代金とは区別して計上した。

ア．仕入	イ．買掛金	ウ．発送費
エ．立替金	オ．現金	カ．前払金

２．得意先へ商品￥125,000を販売し、代金は同店振出しの小切手を受け取り、ただちに普通預金口座に預け入れた。また、送料￥2,000は現金で支払った。

ア．売上	イ．普通預金	ウ．発送費
エ．現金	オ．前受金	カ．支払手数料

３．商品￥500,000をクレジット払いの条件で販売した。なお、信販会社へのクレジット手数料として販売代金の４％を販売時に計上した。

ア．売掛金	イ．クレジット売掛金	ウ．売上
エ．支払利息	オ．支払手数料	カ．電子記録債権

４．得意先に対する売掛金￥250,000（前期販売分）について、本日、￥50,000を現金で回収し、残額については貸倒れとして処理した。なお、貸倒引当金の残高は￥350,000である。

ア．売掛金	イ．貸倒損失	ウ．貸倒引当金
エ．現金	オ．償却債権取立益	カ．貸倒引当金戻入

11. 事務作業に使用する物品を購入し、品物とともに次の請求書を受け取り、代金は後日支払うこととした。

請　求　書

株式会社大津商事　様

京都株式会社

品物	数量	単価	金額
マウス	20	1,500	¥ 30,000
マウスパッド	20	400	¥ 8,000
プリンターインク	6	4,000	¥ 24,000
送料	—	—	¥ 800
	合計		¥ 62,800

X1年8月31日までに合計額を下記口座へお振込み下さい。
滋賀銀行東西支店　普通　7654321　キヨウト（カ

ア．未払金　　イ．買掛金　　ウ．仕入
エ．備品　　オ．現金　　カ．消耗品費

12. 決算のため現状を調査したところ、すでに費用処理されているはがき（@¥63）が150枚と、収入印紙の未使用分¥16,800があることが判明したため、適切な勘定へ振り替える。

ア．消耗品費　　イ．貯蔵品　　ウ．雑損
エ．通信費　　オ．現金過不足　　カ．租税公課

13. 業務用のオフィス機器¥180,000とコピー用紙¥5,000を購入し、代金の合計を普通預金口座から振り込んだ。

第２問（20点）

（１）

宮崎物産株式会社（決算年１回、３月31日）における次の取引にもとづいて、受取利息勘定と未収利息勘定にあてはまる適切な勘定科目、語句または金額を答案用紙に記入しなさい。ただし、勘定科目、語句は下記の中から選び、記号で選択すること。また、利息の計算はすべて月割計算とする。

ア．普通預金　イ．当座預金　ウ．受取利息　エ．支払利息　オ．前期繰越　カ．次期繰越　キ．損益

４月１日　大分商店へ¥2,400,000（利率年２％、期間２年、利払日は９月と３月の各末日）を貸し付け、普通預金口座より振り込んだ。

９月30日　大分商店への貸付金について、利息が普通預金口座に入金された。

２月１日　長崎商店へ¥2,500,000（利率年1.5%、期間１年）を貸し付け、普通預金口座より振り込んだ。なお、利息は元本返済時に一括で受け取る契約である。

３月31日　大分商店への貸付金について、利息が普通預金口座に入金された。
長崎商店への貸付金について、未収分の利息を計上した。

受　取　利　息

3/31	（　　　）	（　　　）	9/30	普通預金	（　　　）
			3/31	普通預金	（　　　）
			〃	未収利息	（　　　）

第３問（35点）

次の決算整理事項等にもとづいて精算表を完成させなさい。なお、会計期間は×2年４月１日から×3年３月31日までの１年間である。

決算整理事項等

1．現金過不足の原因を調査したところ、支払手数料￥5,000の記帳漏れが判明したが、残額は原因不明のため雑損または雑益で処理する。

2．２月末日に備品￥240,000につき普通預金口座を通じて購入したが未処理であった。この備品は３月１日に納品され、同日から使用している。

3．３月末日に電子債権記録機関に発生記録した債務￥115,000の支払期日が到来し、当座預金口座から引き落とされたが未処理であった。

4．売掛金の期末残高の合計額に対して２％の貸倒れを差額補充法により設定する。

5．期末商品棚卸高は￥480,000である。売上原価は「仕入」の行で計算する。

6．建物および備品について、以下の要領で定額法による減価償却を行う。３月１日から使用している備品（上記２．）についても同様に減価償却を行うが、減価償却費は月割計算する。

　建物：残存価額ゼロ　耐用年数40年

　備品：残存価額ゼロ　耐用年数４年

7．貸付金￥1,500,000は、期間１年間、利率年２％、利息は貸付金回収時に１年分を受け取る条件で、当期の12月１日に貸し付けたものである。したがって、当期にすでに発生している利息を月割で計上する。

日商簿記3級予想問題　第3回　問題　　　3 級 ① 商 業 簿 記

第1問（45点）

下記の各取引について仕訳しなさい。ただし、勘定科目は、各取引の下の勘定科目の中から最も適当と思われるものを選び、記号で選択すること。なお、消費税については指示がある問題のみ考慮し、各取引は独立しているものとする。

1．仕入先の仙台株式会社に注文していた商品￥300,000が到着し、商品代金のうち10％は手付金として支払済みのため相殺し、残額は掛けとした。なお、商品の引取運賃￥4,500は着払い（当社負担）となっているため現金で支払った。

ア．仕入	イ．前払金	ウ．立替金
エ．買掛金	オ．現金	カ．発送費

2．得意先秋田株式会社に商品￥450,000を売り渡し、代金のうち￥50,000は注文時に受け取った手付金と相殺し、￥100,000は秋田株式会社振出し、当社を名宛人とする約束手形で受け取り、残額は掛けとした。

ア．受取手形	イ．支払手形	ウ．売掛金
エ．売上	オ．前受金	カ．仮受金

3．取引銀行より得意先である長野株式会社に対する売掛金￥560,000について、電子債権記録機関において債権の発生記録が行われた旨の通知を受けた。

ア．売掛金	イ．電子記録債務	ウ．クレジット売掛金
エ．売上	オ．電子記録債権	カ．未収入金

4．得意先が倒産し、当期に販売した商品に対する売掛金￥500,000のうち￥100,000は、かねて注文を受けたさいに受け取っていた手付金と相殺し、残額は貸倒れとして処理した。

ア．貸倒引当金	イ．売上	ウ．売掛金
エ．前受金	オ．仮受金	カ．貸倒損失

11. 土地付き建物￥8,000,000（うち土地￥5,000,000、建物￥3,000,000）を購入し、売買手数料（それぞれの代金の２％）を加えた総額につき当座預金口座を通じて振り込んだ。

ア．支払手数料	イ．建物	ウ．土地
エ．普通預金	オ．当座預金	カ．未払金

12. 店舗として利用している建物の改良・修繕を行い、代金￥5,000,000を、当座預金口座を通じて支払った。なお、支払額のうち￥4,200,000は建物の価値を高める資本的支出であり、残額は機能維持のための収益的支出である。

ア．建物	イ．備品	ウ．修繕費
エ．減価償却費	オ．当座預金	カ．普通預金

13. 従業員の給料から源泉徴収していた７月から12月までの所得税合計額￥550,000を、銀行において納付書とともに現金で納付した。ただし、この納付方法については所轄税務署より納期の特例を承認されている。

ア．法定福利費	イ．所得税預り金	ウ．租税公課
エ．仮受金	オ．現金	カ．社会保険料預り金

14. １株あたり￥10,000で500株の株式を発行し、合計￥5,000,000の払込みを受けて株式会社を設立した。なお、払込金はすべて普通預金口座に預け入れられた。

ア．普通預金	イ．当座預金	ウ．資本金
エ．繰越利益剰余金	オ．現金	カ．損益

15. 得意先の鎌倉物産株式会社へ商品￥550,000（消費税￥50,000を含む）を売り渡し、代金として以下のとおり受け取った。なお、消費税は税抜方式で記帳している。

小　切　手

第２問（20点）

（１）

下記の［**資料**］にもとづいて、水戸株式会社の当期（×2年４月１日から×3年３月31日）の損益勘定、資本金勘定、繰越利益剰余金勘定の空欄にあてはまる適切な勘定科目、語句または金額を答案用紙に記入しなさい。勘定科目、語句は下記の中から選び、記号で選択すること。

ア．前期繰越　イ．損益　ウ．繰越利益剰余金　エ．法人税等　オ．資本金　カ．次期繰越

［**資料**］

1．総売上高：¥4,250,000
2．純売上高：¥4,200,000
3．総仕入高：¥3,650,000
4．純仕入高：¥3,500,000
5．期首商品棚卸高：¥700,000
6．期末商品棚卸高：¥850,000
7．売上原価は仕入勘定で算定する。
8．２月１日に¥2,500,000の増資を実施している。
9．法人税率は30%で計算する。

損　　益

3/31	仕入	（　　）	3/31	売上	（　　）
〃	給料	800,000	〃	受取手数料	350,000
〃	減価償却費	140,000			
〃	支払利息	10,000			
〃	（　　）	（　　）			
〃	（　　）	（　　）			
		（　　）			（　　）

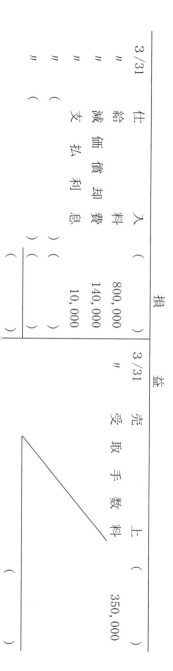

日商簿記3級予想問題　第3回　問題

第3問（35点）

次の［**資料1**］と［**資料2**］にもとづいて、答案用紙の貸借対照表と損益計算書を完成しなさい。会計期間は×2年4月1日から×3年3月31日までの1年間である。

［**資料1**］決算整理前残高試算表

借　　方	勘 定 科 目	貸　　方
556,250	現　　　金	
2,025,000	普 通 預 金	
1,300,000	定 期 預 金	
3,550,000	売　掛　金	
220,000	繰 越 商 品	
200,000	仮払法人税等	
612,500	貸　付　金	
4,500,000	建　　　物	
1,200,000	備　　　品	
2,000,000	土　　　地	
	買　掛　金	2,800,000

［**資料2**］決算整理事項等

1．従業員が立替払いした3月分の旅費交通費は¥35,000であったが未処理である。なお、当社では旅費交通費を毎月末に未払金として計上し、従業員には翌月に支払っている。

2．2月1日に、土地¥750,000を購入し、代金は4か月後に支払うこととした。購入時に以下の仕訳をしていたので、適正に修正する。

（借方）土　地 750,000　（貸方）買掛金 750,000

3．当期首に備品（取得原価¥600,000、減価償却累計額¥360,000）を¥315,000で売却し、代金は現金で受け取った際に、次の仕訳を行っているので適切に修正する。

（借方）現　　　金　315,000
　　　　固定資産売却損　285,000
　　　　　　　　（貸方）備　　　品　600,000

日商簿記３級予想問題　第４回　問題　　　３ 級 ① 商 業 簿 記

第１問（45点）

下記の各取引について仕訳しなさい。ただし、勘定科目は、各取引の下の勘定科目の中から最も適当と思われるものを選び、記号で選択すること。なお、消費税については指示がある問題のみ考慮し、各取引は独立しているものとする。

１．商品￥400,000を仕入れ、代金のうち￥100,000は以前に受け取って保管していた他社振出の小切手を手渡し、残額は掛けとした。

ア．現金	イ．当座預金	ウ．未払金
エ．買掛金	オ．普通預金	カ．仕入

２．甲府株式会社に商品￥30,000（税抜価格）を売り上げ、代金のうち￥20,000は甲府株式会社が振り出した小切手を受け取り、残額は掛けとした。なお、消費税率は10％で税抜方式により記帳している。

ア．現金	イ．当座預金	ウ．仮払消費税
エ．売掛金	オ．仮受消費税	カ．売上

３．電子債権記録機関に発生記録した債務￥180,000の支払期日が到来したので、当座預金口座から引き落とされた。

ア．普通預金	イ．当座預金	ウ．電子記録債務
エ．電子記録債権	オ．買掛金	カ．未払金

４．当期に販売した商品に対する売掛金￥170,000が貸し倒れたため全額を貸倒損失で処理していたが、このうち￥20,000を現金で回収した。なお、貸倒引当金の残高は￥220,000である。

ア．貸倒損失	イ．貸倒引当金	ウ．現金
エ．償却債権取立益	オ．売掛金	カ．貸倒引当金戻入

５．売上代金として受け取った自治体発行の商品券￥125,000を引き渡して換金請求を行い、ただちに同額が普通預金口座に振り込まれた。

8．当座預金口座を開設し、普通預金口座から￥850,000を預け入れた。また、口座開設と同時に当座借越契約（限度額￥2,500,000）を締結し、その担保として￥2,500,000を現金で定期預金口座へ預け入れた。

ア．普通預金　　イ．当座借越　　ウ．現金
エ．定期預金　　オ．当座預金　　カ．借入金

9．四国銀行から￥3,000,000を借り入れ、同額の約束手形を振り出し、利息￥90,000を差し引かれた残額が当座預金口座に振り込まれた。

ア．手形借入金　　イ．借入金　　ウ．当座預金
エ．普通預金　　オ．支払手形　　カ．支払利息

10．従業員が出張から戻り、さきの当座預金口座への￥200,000の入金は、得意先秋田商事からの売掛金￥90,000の回収および得意先青森商事から受け取った手付金￥110,000であることが判明した。なお、入金時には内容不明の入金として処理してある。

ア．前払金　　イ．売掛金　　ウ．前受金
エ．当座預金　　オ．仮受金　　カ．借入金

11．備品（取得原価￥600,000、減価償却累計額￥400,000、間接法で記帳）を期首に￥50,000で売却した。なお、代金は月末に受け取ることとした。

ア．備品減価償却累計額　　イ．未収入金　　ウ．備品
エ．減価償却費　　オ．固定資産売却益　　カ．固定資産売却損

12．従業員にかかる社会保険料￥120,000を普通預金口座から納付した。このうち従業員負担分￥60,000は、社会保険料預り金からの支出であり、残額は会社負担分である。

ア．社会保険料預り金　　イ．当座預金　　ウ．法定福利費
エ．所得税預り金　　オ．未払金　　カ．普通預金

第２問（20点）

（１）

保険料に関連する下記の勘定の空欄のうち、（　①　）から（　⑤　）にあてはまる適切な語句または金額を答案用紙に記入しなさい。ただし、語句は下記の中から選び、記号で選択すること。なお、会計期間は４月１日から３月31日までであり、保険料の支払いにつき毎年12月１日に向こう１年分の保険料￥36,000を現金で支払っていたが、今年の支払額は５％アップして￥37,800となった。

ア．前払保険料　イ．損益　ウ．現金　エ．保険料　オ．次期繰越　カ．前期繰越

保　険　料

4/1	（　　）	（　　）	3/31	（　　）	（　　）
12/1	（　　）	37,800	〃	（　②　）	（　　）
		（　　）			（　③　）
4/1	（　　）	（　①　）			

（　　）保険料

4/1	（　　）	（　　）	4/1	（　　）	（　④　）
3/31	（　　）	（　　）	3/31	（　⑤　）	（　　）
		（　　）			（　　）
4/1	（　　）	（　　）	4/1	（　　）	（　　）

（２）

次の当座勘定照合表、および普通預金口座のWEB通帳（入出金明細）にもとづいて、各日付の仕訳を答案用紙に記入しなさい。ただし、勘定科目は下記の中から選び、記号で選択すること。なお、船橋物産株式会社および市川興産株式会社は当社の取引先であり、商品売買取引はすべて掛けとしている。また、小切手（No.125）は５月10日以前に振り出したものである。

第３問（35点）

次の［**資料１**］と［**資料２**］にもとづいて、決算整理後残高試算表を完成しなさい。なお、会計期間は×2年４月１日から×3年３月31日までの１年間である。

［**資料１**］決算整理前残高試算表

借　方	勘定科目	貸　方
912,600	現金	
150,000	普通預金	
	当座預金	320,000
2,760,000	売掛金	
1,250,000	電子記録債権	
200,000	繰越商品	
500,000	仮払金	
5,000,000	建物	
1,800,000	備品	
7,000,000	土地	
	買掛金	962,500

［**資料２**］決算整理事項等

1．現金の実際有高を確認するために金庫を実査したところ、次のものが保管されていた。なお、現金過不足額は雑損または雑益として処理すること。

紙幣・硬貨　¥780,000

他店振出しの小切手　¥112,600

郵便切手　¥150,000

2．当座預金勘定の貸方残高全額を当座借越勘定に振り替える。なお、取引銀行とは借越限度額を¥1,500,000とする当座借越契約を結んでいる。

3．仮払金は全額備品の購入金額であることが判明した。なお、備品は10月１日に引き渡しを受けすぐに使用を始めた。

4．電子記録債権¥110,000が決済され普通預金口座へ振り込まれたが未処理であった。

第１問（45点）

下記の各取引について仕訳しなさい。ただし、勘定科目は、各取引の下の勘定科目の中から最も適当と思われるものを選び、記号で選択すること。なお、消費税については指示がある問題のみ考慮し、各取引は独立しているものとする。

１．中古自動車￥2,000,000を購入し、代金は後日支払うこととした。また、引取運賃として￥25,000を現金で支払った。なお、当社は自動車販売業を営んでいる。

ア．車両運搬具　イ．仕入　ウ．未払金
エ．買掛金　オ．現金　カ．支払手数料

２．得意先である甲府株式会社に商品￥500,000を販売し、代金のうち￥200,000は以前に当社が振り出した小切手を受け取り、残額は掛けとした。

ア．現金　イ．当座預金　ウ．売上
エ．売掛金　オ．未収入金　カ．前受金

３．電子債権記録機関に発生記録した債権￥250,000の支払期日が到来し、当座預金口座に振り込まれた。

ア．クレジット売掛金　イ．電子記録債務　ウ．普通預金
エ．電子記録債権　オ．当座預金　カ．現金

４．かねて手形を振り出して借り入れていた￥600,000の返済期日をむかえ、同額が当座預金口座を通じて引き落とされるとともに、手形の返却を受けた。

ア．借入金　イ．普通預金　ウ．手形借入金
エ．当座預金　オ．受取手形　カ．支払手形

５．当社の取締役に資金を貸し付ける目的で￥3,000,000の小切手を振り出した。貸付期間は１年、利率は年利２％で利息は元金とともに受け取る条件で、利息は受取時に計上する。なお、勘定科目は貸付金勘定ではなく、役員貸付

８．建物および土地の固定資産税￥600,000の納付書を受け取り、未払金に計上することなく、ただちに普通預金口座を通じて納付した。

ア．未払金	イ．当座預金	ウ．租税公課
エ．普通預金	オ．未払消費税	カ．未払法人税等

９．増資を行うことになり、１株あたり￥50,000で株式を新たに100株発行し、出資者より当社の普通預金口座に払込金が振り込まれた。なお、払込価額の全額を資本金とする。

ア．利益準備金	イ．普通預金	ウ．繰越利益剰余金
エ．資本金	オ．現金	カ．損益

10．営業先訪問目的で利用する交通機関の料金支払用ＩＣカードに現金￥10,000を入金し、領収証の発行を受けた。なお、入金時に全額費用に計上する方法を採用している。

ア．現金	イ．未収入金	ウ．仮払金
エ．旅費交通費	オ．普通預金	カ．仮受金

11．得意先から売掛金￥325,000を現金で回収したさい、誤って売上に計上していたことが判明したので、本日これを訂正する。

ア．売上	イ．買掛金	ウ．売掛金
エ．現金	オ．普通預金	カ．仕入

12．×1年10月１日に取得した備品（取得原価：￥800,000、残存価額：ゼロ、耐用年数：８年、定額法により償却、間接法により記帳）が不用になったので、×4年12月31日に￥300,000で売却し、代金については翌月に受け取ることにした。なお、決算日は×5年３月31日とし、当期首から売却時点までの減価償却費は月割りで計算すること。

ア．固定資産売却損	イ．未収入金	ウ．固定資産売却益
エ．減価償却費	オ．備品減価償却累計額	カ．備品

第２問（20点）

（１）

京都商事株式会社の12月中の売掛金に関する取引の勘定記録は以下のとおりである。下記勘定の空欄にあてはまる適切な勘定科目、語句または金額を答案用紙に記入しなさい。ただし、語句は下記の中から選び、記号で選択すること。なお、得意先は下記２店のみとし、各勘定は毎月末に締め切っている。

ア．前月繰越　イ．次月繰越　ウ．現金　エ．当座預金　オ．売掛金　カ．売上　キ．返品

総 勘 定 元 帳

売 掛 金

12/1	前月繰越	600,000	12/6	売上	(　　　)
5	(　　　)	(　　　)	12	現金	275,000
18	(　　　)	750,000	19	売上	(　　　)
			22	(　　　)	(　　　)
			25	当座預金	56,000
			31	(　　　)	614,000
		(　　　)			(　　　)

売 掛 金 元 帳

奈 良 商 店

12/1	(　　　)	350,000	12/19	(　　　)	(　　　)
18	売上げ	(　　　)	22	当座預金受取り	815,000
			25	当座預金受取り	56,000

第3問（35点）

次の（1）決算整理前残高試算表および（2）決算整理事項等にもとづいて、答案用紙の貸借対照表および損益計算書を完成しなさい。なお、会計期間は4月1日から翌3月31日までの1年間である。

（1）

決算整理前残高試算表

借　方	勘定科目	貸　方
812,000	現金	
340,000	普通預金	
666,000	売掛金	
352,000	繰越商品	
70,000	仮払法人税等	
1,200,000	貸付金	
1,760,000	建物	
480,000	備品	
	買掛金	504,000
	仮受金	55,520
	所得税預り金	14,400
	貸倒引当金	2,400

（2）決算整理事項等

1．仮受金は、得意先からの売掛金￥57,000の振込みであることが判明した。なお、振込額と売掛金の差額は当社負担の振込手数料であり、入金時に振込額を仮受金として処理している。

2．昨年度に得意先が倒産してその際に売掛金￥300,000の貸倒れ処理を行っていたが、3月末に￥50,000を回収し普通預金口座へ振り込まれた。

3．売掛金の期末残高に対して貸倒引当金を差額補充法により2％設定する。

4．期末商品棚卸高は￥300,000である。

5．有形固定資産について、次の要領で定額法により減価償却を行う。

建物：耐用年数20年　残存価額ゼロ

備品：耐用年数5年　残存価額ゼロ

日商簿記３級予想問題　第６回　問題　　３級①　商業簿記

第１問（45点）

下記の各取引について仕訳しなさい。ただし、勘定科目は、各取引の下の勘定科目の中から最も適当と思われるものを選び、記号で選択すること。なお、消費税については指示がある問題のみ考慮し、各取引は独立しているものとする。

１．商品を￥55,000（税込価格）で仕入れ、代金は掛けとした。なお、消費税率は10%で税抜方式により記帳している。

ア．仮払消費税	イ．未払金	ウ．買掛金
エ．仕入	オ．仮受消費税	カ．未払消費税

２．かねて販売した商品￥650,000の返品を受けたため、掛代金から差し引くこととした。

ア．未収入金	イ．売上	ウ．売掛金
エ．現金	オ．貸倒引当金	カ．仮払金

３．先月にクレジット払いの条件で販売した取引につき、信販会社から手数料を差し引いた手取額￥873,000が普通預金口座に入金された。

ア．売上	イ．クレジット売掛金	ウ．普通預金
エ．支払手数料	オ．当座預金	カ．受取手数料

４．当社は仕入先である名古屋株式会社に対する買掛金￥560,000の支払いを電子債権記録機関で行うため、取引銀行を通して電子記録債務の発生記録を行った。

ア．買掛金	イ．電子記録債権	ウ．電子記録債務
エ．未払金	オ．仮受金	カ．普通預金

５．得意先から先月締めの掛代金￥200,000の回収として、振込手数料￥300（当社負担）を差し引かれた残額が当社の普通預金口座に振り込まれた。

ア．当座預金	イ．売掛金	ウ．売上

日商簿記３級予想問題　第６回　問題　　３ 級 ② 商 業 簿 記

11. 先月末に土地（購入価格￥3,000,000、登記費用￥150,000、仲介手数料￥300,000）が不要となったため￥5,500,000で売却していたが、本日、代金の全額が当社の普通預金口座に振り込まれた。
　ア．固定資産売却益　イ．未収入金　ウ．支払手数料
　エ．土地　オ．普通預金　カ．租税公課

12. 新規出店のためにビルの１階部分を１か月あたり￥120,000にて賃借する契約を結び、１か月分の家賃￥120,000、敷金を家賃３か月分、不動産業者に対する仲介手数料（家賃の0.5か月分）を当座預金口座を通じて支払った。
　ア．支払手数料　イ．支払地代　ウ．普通預金
　エ．当座預金　オ．支払家賃　カ．差入保証金

13. 事業用の車両に関する自動車税￥48,000を現金で納付した。
　ア．仮払法人税等　イ．租税公課　ウ．普通預金
　エ．仮払金　オ．現金　カ．減価償却費

14. 決算日に仕入勘定において算定された売上原価￥1,650,000を損益勘定に振り替えた。
　ア．繰越商品　イ．繰越利益剰余金　ウ．仕入
　エ．損益　オ．売上　カ．売掛金

15. 従業員の出張精算を行ったところ、次の領収書および報告書が提出されるとともに、かねて概算払いしていた￥15,000との差額を現金で受け取った。なお、当社では１回￥3,000以下の電車賃は従業員からの領収書の提出を不要としている。

領収書
運賃￥2,800
上記のとおり領収致しました。

旅費交通費等報告書
雨宮健治

移動先	手段等	領収書	金額

第２問（20点）

（１）

次の［**資料**］にもとづいて、空欄にあてはまる適切な勘定科目、語句または金額を答案用紙に記入しなさい。ただし、勘定科目、語句は下記の中から選び、記号で選択すること（日付欄は採点除外とする）。なお、当社は３月31日を決算日とする１年間であり、法人税、住民税及び事業税の納付はすべて当座預金口座を通じて行っている。

ア．前期繰越　イ．未払法人税等　ウ．損益　エ．次期繰越　オ．当座預金　カ．繰越利益剰余金　キ．諸口
ク．法人税等　ケ．仮払法人税等

［**資料**］

1．前期の11月25日に法人税、住民税及び事業税の中間納付額￥250,000を納付した。
2．前期末における決算の法人税、住民税及び事業税の金額は￥550,000であり、中間納付額を控除した残額を未払法人税等として計上している。
3．当期の５月28日に、法人税、住民税及び事業税を納付した。
4．当期の11月28日に法人税、住民税及び事業税￥380,000を中間納付した。
5．当期の決算において、法人税、住民税及び事業税￥780,000を計上する。

仮 払 法 人 税 等

(　　)	(　　　　)	(　　　)	3/31	(　　　　)	(　　　)

未 払 法 人 税 等

(　　)	(　　　　)	(　　　)	4/1	(　　　　)	(　　　)
3/31	(　　　　)	(　　　)	3/31	(　　　　)	(　　　)

日商簿記3級予想問題　第6回　問題

第3問（35点）

次の決算整理事項等にもとづいて精算表を完成しなさい。なお、会計期間は×2年4月1日から×3年3月31日までの1年間であり、消費税の仮受け、仮払いは売上時、仕入時のみ行うものとし、4．以外は消費税を考慮しないこと。

決算整理事項等

1．期末の現金実際有高は¥24,000である。帳簿残高との差額は、雑損または雑益として処理する。

2．得意先が倒産し、前期から繰り越されてきた売掛金のうち¥70,000が貸倒れとなった。

3．決算にあたり、商品以外の物品の現状を調査したところ、すでに費用処理されているはがき（@¥85）が80枚、110円切手が200枚未使用であることが判明したため、適切な勘定へ振り替える。

4．消費税の処理を行う。なお、当社は税抜方式を採用している。

5．売掛金の期末残高の合計額に対して1％の貸倒れを差額補充法により設定する。

6．期末商品棚卸高は¥165,000である。なお、売上原価は「売上原価」の行で計算すること。

7．建物（残存価額ゼロ）については定額法（耐用年数50年）、備品（残存価額ゼロ）については定額法（耐用年数6年）により減価償却を行う。

8．受取手数料の未収分が¥15,000ある。

9．給料の未払分が¥20,000ある。

10．保険料は、12月1日に向こう1年分をまとめて支払ったものであり、未経過分を繰り延べる。

第１問（45点）

下記の各取引について仕訳しなさい。ただし、勘定科目は、各取引の下の勘定科目の中から最も適当と思われるものを選び、記号で選択すること。なお、消費税については指示がある問題のみ考慮し、各取引は独立しているものとする。

1．仕入先の盛岡株式会社から商品￥200,000を仕入れ、代金のうち￥70,000は注文時に支払った手付金と相殺し、残額は掛けとした。なお、商品の発送費用（先方負担）￥5,000を運送会社に現金で立替払いし、掛代金から控除した。

ア．現金　　イ．立替金　　ウ．発送費
エ．仕入　　オ．買掛金　　カ．前払金

2．得意先に商品￥200,000を販売し、代金のうち￥50,000は以前に当社が振り出した約束手形を受け取り、残額は掛けとした。

ア．受取手形　　イ．支払手形　　ウ．売掛金
エ．買掛金　　オ．売上　　カ．電子記録債権

3．仕入先である東京株式会社に対する買掛金￥340,000について、同社より依頼を受けたうえで取引銀行を通して電子記録債務の発生記録を行った。

ア．電子記録債権　　イ．買掛金　　ウ．未払金
エ．仮払金　　オ．電子記録債務　　カ．支払手形

4．前期の売上げにより生じた売掛金￥300,000が貸し倒れた。なお、貸倒引当金の残高は￥170,000である。

ア．売掛金　　イ．貸倒損失　　ウ．貸倒引当金戻入
エ．貸倒引当金　　オ．買掛金　　カ．雑損

5．仕入先に対する買掛金￥700,000を、普通預金口座を通じて支払った。なお、支払いにあたり振込手数料￥350（当社負担）が発生した。

11. 従業員の出張精算を行ったところ、出張旅費を本人が立て替えて支払っていた下記の領収書を提示したので、精算金額を現金で手渡した。

No. 1155
X1年12月10日

領　収　書

水戸株式会社　様

¥　36,500

但し　旅客運賃として
上記金額を領収いたしました。

▲▲旅客鉄道株式会社（公印省略）
●●駅発行　取扱者（捺印省略）

ア．雑損　　イ．未払金　　ウ．旅費交通費
エ．現金　　オ．仮払金　　カ．前払金

12. 当社は確定申告にあたり、未払法人税等¥125,000につき当座預金口座を通じて納付した。

ア．仮払法人税等　　イ．当座預金　　ウ．未払金
エ．普通預金　　オ．租税公課　　カ．未払法人税等

13. 損益勘定の記録によると、当期の収益総額は¥2,300,000、費用総額は¥2,800,000であり、この差額を繰越利益剰余金へ振り替えた。

ア．売上　　イ．繰越利益剰余金　　ウ．仕入
エ．損益　　オ．資本金　　カ．利益準備金

日商簿記３級予想問題　第７回　問題　　３級③　商業簿記

第２問（20点）

（１）

長野株式会社における次の取引にもとづいて、適切な勘定科目、語句または金額を答案用紙に記入しなさい。なお、勘定科目、語句は下記の中から選び、記号で選択すること。また、利息の計算はすべて月割計算、日付欄は採点除外とし、会計期間は４月１日から３月31日までである。

ア．前期繰越　イ．前受家賃　ウ．普通預金　エ．受取家賃　オ．当座預金　カ．次期繰越　キ．損益

x1年４月１日　前期決算日に甲物件に対する今年度４月から12月までの前受家賃を計上していたので、再振替仕訳を行った。なお、１か月分の家賃は¥60,000である。

x1年11月１日　新規の取引となる乙物件に対する向こう１年分の家賃が普通預金口座に振り込まれた。なお、１か月分の家賃は¥150,000である。

x2年１月１日　甲物件に対する向こう１年分の家賃が普通預金口座に振り込まれた。なお、今回から１か月分の家賃は¥75,000に値上げしている。

x2年３月31日　決算に必要な処理を行った。

（　　　　）

(　)	(　　　)	(　　　)	(　)	(　　　)	(　　　)
(　)	(　　　)	(　　　)	11/1	普通預金	(　　　)
			1/1	普通預金	(　　　)
		(　　　)			(　　　)

（　　　　）

(　)	(　　　)	(　　　)	4/1	前期繰越	(　　　)
(　)	(　　　)	(　　　)	(　)	(　　　)	(　　　)
		(　　　)			(　　　)

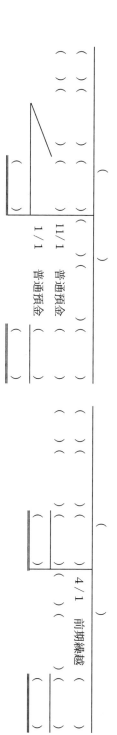

第３問（35点）

次の［**資料１**］と［**資料２**］にもとづいて、答案用紙の貸借対照表と損益計算書を完成しなさい。会計期間はX2年４月１日からX3年３月31日までの1年間である。

［**資料１**］決算整理前残高試算表

借　方	勘定科目	貸　方
364,000	現金	
416,000	普通預金	
930,000	売掛金	
624,000	繰越商品	
45,500	仮払金	
1,040,000	建物	
975,000	備品	
3,120,000	土地	
	買掛金	663,000
	借入金	1,200,000
	仮受金	1,690,000

［**資料２**］決算整理事項等

１．当期に仕入れていた商品￥84,000を決算日前に返品し、同額を掛代金から差し引くこととしたが、この取引が未記帳であった。

２．仮払金は、すべて収入印紙の購入代金であり、そのうち、￥40,000分が当期末までに使用済みである。

３．残高試算表欄の土地のうち￥1,200,000は売却済みであったが、仮受金としたのみであるため、適切に修正する。

４．残高試算表欄の保険料のうち￥240,000は当期の６月１日に向こう１年分として支払ったものであるが、２月末に解約した。その後、保険会社から３月１日以降の保険料が返金される旨の連絡があったため、この金額につき未収入金へ振り替える。

５．売掛金の期末残高合計に対して２％の貸倒引当金を差額補充法により設定する。

日商簿記３級予想問題　第８回　問題　　３ 級 ① 商 業 簿 記

第１問（45点）

下記の各取引について仕訳しなさい。ただし、勘定科目は、各取引の下の勘定科目の中から最も適当と思われるものを選び、記号で選択すること。なお、消費税については指示がある問題のみ考慮し、各取引は独立しているものとする。

１．先月末に仕入れた商品￥250,000を返品し、掛代金から差し引くこととした。

ア．現金　　イ．損益　　ウ．売掛金
エ．買掛金　　オ．仕入　　カ．売上

２．水戸株式会社に対する売掛金￥370,000の決済として、水戸株式会社振出し、当社を名宛人とする約束手形を受け取った。

ア．支払手形　　イ．買掛金　　ウ．売掛金
エ．手形貸付金　　オ．受取手形　　カ．電子記録債権

３．買掛金の支払いとして￥450,000の約束手形を振り出し、仕入先に対して郵送した。なお、郵送代金￥450は現金で支払った。

ア．支払手形　　イ．雑損　　ウ．買掛金
エ．支払手数料　　オ．現金　　カ．通信費

４．銀行で当座預金口座を開設し、￥3,000,000を普通預金口座からの振り替えにより当座預金口座に入金した。また、小切手帳の交付を受け、手数料として￥4,000を現金で支払った。

ア．普通預金　　イ．当座預金　　ウ．定期預金
エ．支払手数料　　オ．仮払金　　カ．現金

５．取引先へ短期資金として￥1,800,000を貸し付けていたが、返済期日が到来したため元利合計が当座預金口座に入金された。なお、貸し付けに伴う利率は年1.5%、貸付期間は当期中の10か月であり利息は月割計算する。

11. 前期の決算において未払利息￥12,000を計上していたので、本日（当期首）、再振替仕訳を行った。
ア．支払利息　　イ．前払利息　　ウ．未払利息
エ．前受利息　　オ．損益　　カ．受取利息

12. ７月に本年度（３月末日を決算日とする１年）の雇用保険料￥72,000を一括して現金で納付した。そのうち従業員負担分は￥24,000（月額相当額￥2,000）であり、残額は会社負担分である。従業員負担分については、４月から６月までの３か月分￥6,000は、給料から毎月月額相当額を差し引き、７月以降の９か月分￥18,000については、いったん会社が立て替えて支払い、その後の毎月の給料から精算する。
ア．社会保険料預り金　　イ．法定福利費　　ウ．未払金
エ．所得税預り金　　オ．従業員立替金　　カ．現金

13. 当期純利益￥1,750,000を繰越利益剰余金へ振り替えた。
ア．損益　　イ．売上　　ウ．仕入
エ．繰越利益剰余金　　オ．資本金　　カ．資本準備金

14. 大型オフィス機器￥400,000を購入し、搬入設置費用￥15,000を含めた￥415,000のうち￥5,000は現金で支払い、残額は翌月以降の分割払いとした。
ア．仮払金　　イ．支払手数料　　ウ．備品
エ．買掛金　　オ．未払金　　カ．現金

15. 以下の納付書にもとづき、当社の普通預金口座から消費税を振り込んだ。

領　収　証　書

科目	本　　税	320,000	納期等の区分 x20401 x30331
消費税及び地方消費税	○○○税		

第2問（20点）

（1）

次の［**資料**］にもとづいて、答案用紙の各日付の仕訳を示しなさい。ただし、勘定科目は、各取引の下の勘定科目の中から最も適当と思われるものを選び、記号で選択すること。なお、当月末（31日）に現金の手元有高を調査した結果、実際有高￥469,000であり、帳簿価額との差額は現金過不足として処理している。

ア．仕入　イ．現金過不足　ウ．売上　エ．現金　オ．当座預金　カ．買掛金　キ．売掛金　ク．仮払金
ケ．発送費　コ．雑損

［資料］

現金出納帳

×1年		摘要	収入	支出	残高
10	1	前月繰越	850,000		850,000
	4	広島物産からの仕入の引取運賃支払い		8,000	842,000
	6	出張旅費の概算払い		（　　）	（　　）
	16	当座預金口座へ入金		428,000	379,000
	19	展示会売上	（　　）		（　　）

売上帳

×1年		摘要		金額
10	14	ECサイト売上	掛	
		DVDセット	15個　@ ￥ 32,000	（　　）
	19	展示会店頭売上	現金	

第３問（35点）

次の［**資料１**］と［**資料２**］にもとづいて、決算整理後残高試算表を完成しなさい。なお、会計期間は×2年４月１日から×3年３月31日までの１年間あり、消費税の仮受け、仮払いは売上時、仕入時のみ行うものとし、３．以外は消費税を考慮しないこと。

［**資料１**］決算整理前残高試算表

借方	勘定科目	貸方
128,700	現金	
	現金過不足	12,000
521,000	普通預金	
621,000	売掛金	
250,000	繰越商品	
100,000	仮払法人税等	
220,000	仮払消費税	
1,500,000	建物	
1,875,000	土地	
	買掛金	290,900
	借入金	800,000

［**資料２**］決算整理事項等

1．現金過不足につき、その原因を調査したところ受取手数料￥9,000の記帳もれが判明した。しかし、残額については原因不明のため適切な処理を行う。

2．売掛金の代金として普通預金口座への入金￥78,000が、誤って借方・貸方ともに￥87,000と記帳されていたのでその修正を行った。

3．消費税の処理（税抜方式）を行う。

4．売掛金の期末残高に対して１％の貸倒引当金を差額補充法により設定する。

5．期末商品棚卸高は￥240,000である。

6．建物について、残存価額をゼロ、耐用年数を40年とする定額法により減価償却を行う。なお、本年度で建物の償却が終了するため、備忘記録として帳簿

日商簿記3級予想問題　第1回　答案用紙　　3 級 ① 商 業 簿 記

第1問（45点）

	借方		貸方	
	記号	金額	記号	金額
1	(　　)		(　　)	
	(　　)		(　　)	
	(　　)		(　　)	
	(　　)		(　　)	
2	(　　)		(　　)	
	(　　)		(　　)	
	(　　)		(　　)	
	(　　)		(　　)	
3	(　　)		(　　)	
	(　　)		(　　)	
	(　　)		(　　)	
	(　　)		(　　)	
4	(　　)		(　　)	
	(　　)		(　　)	
	(　　)		(　　)	
	(　　)		(　　)	
	(　　)		(　　)	
	(　　)		(　　)	

	借方		貸方	
	記号	金額	記号	金額
10	(　　)		(　　)	
	(　　)		(　　)	
	(　　)		(　　)	
	(　　)		(　　)	
11	(　　)		(　　)	
	(　　)		(　　)	
	(　　)		(　　)	
	(　　)		(　　)	
12	(　　)		(　　)	
	(　　)		(　　)	
	(　　)		(　　)	
	(　　)		(　　)	
13	(　　)		(　　)	
	(　　)		(　　)	
	(　　)		(　　)	
	(　　)		(　　)	
	(　　)		(　　)	

第２問 (20点)

（１）

固　定　資　産　台　帳　　　　X4年３月31日現在

取得年月日	名称等	期末数量	耐用年数	期首(期中取得)取得原価	期首減価償却累計額	差引期首（期中取得）帳簿価額	当期減価償却費
備品							
X0年４月１日	備品A	1	４年	2,000,000	1,500,000	500,000	(　　)
X2年10月１日	備品B	1	６年	1,200,000	100,000	1,100,000	(　　)
X3年６月１日	備品C	1	８年	960,000	0	960,000	(　　)
小　計				4,160,000	1,600,000	2,560,000	(　　)

備　　品

日付			摘要	借方	日付			摘要	貸方
X3	4	1	前期繰越	(　　)	X4	3	31	次期繰越	(　　)
	6	1	当座預金	(　　)					
				(　　)					(　　)

備品減価償却累計額

日付			摘要	借方	日付			摘要	貸方
X4	3	31	次期繰越	(　　)	X3	4	1	前期繰越	(　　)

第3問（35点）

貸借対照表

X3年3月31日　　（単位：円）

現金		(　　)	買掛金	(　　)
当座預金		(　　)	未払（　　）	(　　)
売掛金	(　　)		未払法人税等	(　　)
(　　)	△(　　)	(　　)	資本金	5,500,000
商品		(　　)	繰越利益剰余金	(　　)
貯蔵品		(　　)		
(　　)費用		(　　)		
貸付金		(　　)		
建物	(　　)			
減価償却累計額	△(　　)	(　　)		
備品	(　　)			
減価償却累計額	△(　　)	(　　)		
土地		2,500,000		
		(　　)		(　　)

日商簿記３級予想問題　第２回　答案用紙　　３ 級 ① 商 業 簿 記

第１問（45点）

	借方		貸方	
	記号	金額	記号	金額
1	(　　)		(　　)	
	(　　)		(　　)	
	(　　)		(　　)	
	(　　)		(　　)	
2	(　　)		(　　)	
	(　　)		(　　)	
	(　　)		(　　)	
	(　　)		(　　)	
3	(　　)		(　　)	
	(　　)		(　　)	
	(　　)		(　　)	
	(　　)		(　　)	
4	(　　)		(　　)	
	(　　)		(　　)	
	(　　)		(　　)	
	(　　)		(　　)	
	(　　)		(　　)	
	(　　)		(　　)	

	借方		貸方	
	記号	金額	記号	金額
11	(　　)		(　　)	
	(　　)		(　　)	
	(　　)		(　　)	
	(　　)		(　　)	
12	(　　)		(　　)	
	(　　)		(　　)	
	(　　)		(　　)	
	(　　)		(　　)	
13	(　　)		(　　)	
	(　　)		(　　)	
	(　　)		(　　)	
	(　　)		(　　)	
14	(　　)		(　　)	
	(　　)		(　　)	
	(　　)		(　　)	
	(　　)		(　　)	
	(　　)		(　　)	

日商簿記３級予想問題　第２回　答案用紙　　３ 級 ③ 商 業 簿 記

第２問（20点）

（１）

受 取 利 息

3/31 （　　［　　］　　）	（　　　　）	9/30 普通預金	（　　　　）
		3/31 普通預金	（　　　　）
		〃 未収利息	（　　　　）
	（　　　　）		（　　　　）

未 収 利 息

3/31 （　　［　　］　　）	（　　　　）	3/31 （　　［　　］　　）	（　　　　）
4/1 （　　［　　］　　）	（　　　　）		

（２）

補助簿 ＼ 日付	現金出納帳	当座預金出納帳	商品有高帳	売掛金元帳（得意先元帳）	買掛金元帳（仕入先元帳）	受取手形記入帳	支払手形記入帳	仕入帳	売上帳	固定資産台帳	該当なし
12日											

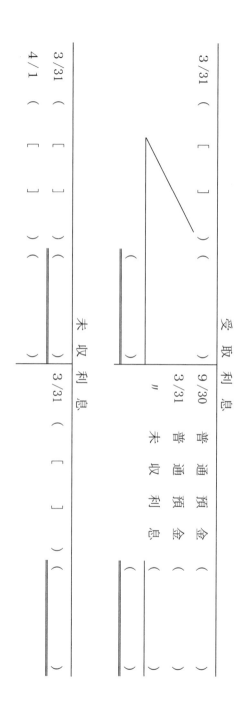

日商簿記3級予想問題　第2回　答案用紙

第3問（35点）

精　算　表

勘定科目	試算表		修正記入		損益計算書		貸借対照表	
	借方	貸方	借方	貸方	借方	貸方	借方	貸方
現金	223,200							
現金過不足	9,800							
普通預金	978,000							
当座預金	390,000							
売掛金	528,000							
繰越商品	418,200							
貸付金	1,500,000							
建物	960,000							
備品	300,000							
土地	1,500,000							
買掛金		447,000						
電子記録債務		215,000						
貸倒引当金		5,160						
建物減価償却累計額		680,000						
備品減価償却累計額		150,000						

日商簿記３級予想問題　第３回　答案用紙　　　３ 級 ① 商 業 簿 記

第１問（45点）

	借方		貸方	
	記号	金額	記号	金額
1	(　　)		(　　)	
	(　　)		(　　)	
	(　　)		(　　)	
	(　　)		(　　)	
2	(　　)		(　　)	
	(　　)		(　　)	
	(　　)		(　　)	
	(　　)		(　　)	
3	(　　)		(　　)	
	(　　)		(　　)	
	(　　)		(　　)	
	(　　)		(　　)	
4	(　　)		(　　)	
	(　　)		(　　)	
	(　　)		(　　)	
	(　　)		(　　)	
	(　　)		(　　)	
	(　　)		(　　)	

日商簿記3級予想問題　第3回　答案用紙　　　3 級 ② 商 業 簿 記

	借方		貸方	
	記号	金額	記号	金額
11	(　　)		(　　)	
	(　　)		(　　)	
	(　　)		(　　)	
	(　　)		(　　)	
12	(　　)		(　　)	
	(　　)		(　　)	
	(　　)		(　　)	
	(　　)		(　　)	
13	(　　)		(　　)	
	(　　)		(　　)	
	(　　)		(　　)	
	(　　)		(　　)	
14	(　　)		(　　)	
	(　　)		(　　)	
	(　　)		(　　)	
	(　　)		(　　)	
	(　　)		(　　)	

日商簿記３級予想問題　第３回　答案用紙　　３ 級 ③ 商 業 簿 記

第２問 (20点)

(１)

損　益

日付	摘要	金額	日付	摘要	金額
3/31	仕　入	(　　)	3/31	売　上	(　　)
〃	給　料	800,000	〃	受取手数料	350,000
〃	減価償却費	140,000			
〃	支払利息	10,000			
〃	(［　］)	(　　)			
〃	(［　］)	(　　)			
		(　　)			(　　)

資　本　金

日付	摘要	金額	日付	摘要	金額
3/31	(［　］)	(　　)	4/1	(［　］)	5,000,000
			2/1	普通預金	(　　)
		(　　)			(　　)

繰越利益剰余金

日付	摘要	金額	日付	摘要	金額
6/25	諸　口	120,000	4/1	(［　］)	200,000

日商簿記3級予想問題　第3回　答案用紙　　3 級 ④　商 業 簿 記

第3問（35点）

貸 借 対 照 表

X3年3月31日　　（単位：円）

現金		556,250	買掛金	(　　)
普通預金		(　　)	未払金	(　　)
定期預金		1,300,000	未払法人税等	(　　)
売掛金	(　　)		資本金	7,000,000
貸倒引当金	△(　　)	(　　)	繰越利益剰余金	(　　)
商品		(　　)		
(　　)費用		(　　)		
(　　)収益		(　　)		
貸付金		612,500		
建物	(　　)			
減価償却累計額	△(　　)	(　　)		
備品	(　　)			
減価償却累計額	△(　　)	(　　)		
土地		2,000,000		
		(　　)		(　　)

日商簿記3級予想問題　第4回　答案用紙　　　3 級 ① 商 業 簿 記

第1問（45点）

	借方		貸方	
	記号	金額	記号	金額
1	(　　)		(　　)	
	(　　)		(　　)	
	(　　)		(　　)	
	(　　)		(　　)	
2	(　　)		(　　)	
	(　　)		(　　)	
	(　　)		(　　)	
	(　　)		(　　)	
3	(　　)		(　　)	
	(　　)		(　　)	
	(　　)		(　　)	
	(　　)		(　　)	
4	(　　)		(　　)	
	(　　)		(　　)	
	(　　)		(　　)	
	(　　)		(　　)	
	(　　)		(　　)	
	(　　)		(　　)	

	借方		貸方	
	記号	金額	記号	金額
8	(　　)		(　　)	
	(　　)		(　　)	
	(　　)		(　　)	
	(　　)		(　　)	
9	(　　)		(　　)	
	(　　)		(　　)	
	(　　)		(　　)	
	(　　)		(　　)	
10	(　　)		(　　)	
	(　　)		(　　)	
	(　　)		(　　)	
	(　　)		(　　)	
11	(　　)		(　　)	
	(　　)		(　　)	
	(　　)		(　　)	
	(　　)		(　　)	
	(　　)		(　　)	

日商簿記３級予想問題　第４回　答案用紙　　３ 級 ③ 商 業 簿 記

第２問（20点）

（１）

①	②	③	④	⑤
	[　　]			[　　]

（２）

	借方		貸方	
	記号	金額	記号	金額
5.10	(　　)		(　　)	
	(　　)		(　　)	
	(　　)		(　　)	
	(　　)		(　　)	
5.20	(　　)		(　　)	
	(　　)		(　　)	
	(　　)		(　　)	
	(　　)		(　　)	

第３問（35点）

決算整理後残高試算表

借方残高	勘定科目	貸方残高
	現金	
	普通預金	
	当座借越	
	売掛金	
	電子記録債権	
	繰越商品	
	貯蔵品	
	(　　　)保険料	
	建物	
	備品	
	土地	
	買掛金	
	電子記録債務	
	(　　　)利息	
	(　　　)地代	
	借入金	

日商簿記３級予想問題　第５回　答案用紙　　３ 級 ① 商 業 簿 記

第１問（45点）

	借方		貸方	
	記号	金額	記号	金額
1	(　　)		(　　)	
	(　　)		(　　)	
	(　　)		(　　)	
	(　　)		(　　)	
2	(　　)		(　　)	
	(　　)		(　　)	
	(　　)		(　　)	
	(　　)		(　　)	
3	(　　)		(　　)	
	(　　)		(　　)	
	(　　)		(　　)	
	(　　)		(　　)	
4	(　　)		(　　)	
	(　　)		(　　)	
	(　　)		(　　)	
	(　　)		(　　)	
	(　　)		(　　)	
	(　　)		(　　)	

日商簿記3級予想問題　第5回　答案用紙　　　　3 級 ② 商 業 簿 記

	借方		貸方	
	記号	金額	記号	金額
8	(　　)		(　　)	
	(　　)		(　　)	
	(　　)		(　　)	
	(　　)		(　　)	
9	(　　)		(　　)	
	(　　)		(　　)	
	(　　)		(　　)	
	(　　)		(　　)	
10	(　　)		(　　)	
	(　　)		(　　)	
	(　　)		(　　)	
	(　　)		(　　)	
11	(　　)		(　　)	
	(　　)		(　　)	
	(　　)		(　　)	
	(　　)		(　　)	
	(　　)		(　　)	

第2問（20点）

（1）

総　勘　定　元　帳

売　掛　金

12/1	前月繰越	600,000	12/6	売上	(　　　)
5	([　　])	(　　　)	12	現金	275,000
18	([　　])	750,000	19	売上	(　　　)
			22	([　　])	(　　　)
			25	当座預金	56,000
			31	([　　])	614,000
		(　　　)			(　　　)

売　掛　金　元　帳

奈　良　商　店

12/1	([　　])	350,000	12/19	([　　])	(　　　)
18	売上げ	(　　　)	22	当座預金受取り	815,000
			25	当座預金受取り	56,000
			31	([　　])	(　　　)
		1,100,000			1,100,000

日商簿記３級予想問題　第５回　答案用紙　　３ 級 ④ 商 業 簿 記

第３問（35点）

貸借対照表

（単位：円）

現金		（　　）	買掛金	（　　）
普通預金		（　　）	（　　）費用	（　　）
売掛金	（　　）		（　　）法人税等	（　　）
貸倒引当金	△（　　）	（　　）	（　　）収益	（　　）
商品		（　　）	預り金	（　　）
貸付金		（　　）	資本金	（　　）
建物	（　　）		繰越利益剰余金	（　　）
減価償却累計額	△（　　）	（　　）		
備品	（　　）			
減価償却累計額	△（　　）	（　　）		
		（　　）		（　　）

損益計算書

（単位：円）

売上原価	（　　）	売上高	（　　）
給料	（　　）	受取利息	（　　）

日商簿記3級予想問題　第6回　答案用紙　　3 級 ① 商 業 簿 記

第1問（45点）

	借方		貸方	
	記号	金額	記号	金額
1	(　　)		(　　)	
	(　　)		(　　)	
	(　　)		(　　)	
	(　　)		(　　)	
2	(　　)		(　　)	
	(　　)		(　　)	
	(　　)		(　　)	
	(　　)		(　　)	
3	(　　)		(　　)	
	(　　)		(　　)	
	(　　)		(　　)	
	(　　)		(　　)	
4	(　　)		(　　)	
	(　　)		(　　)	
	(　　)		(　　)	
	(　　)		(　　)	
	(　　)		(　　)	
	(　　)		(　　)	

日商簿記３級予想問題　第６回　答案用紙　　　　３ 級 ② 商 業 簿 記

	借方		貸方	
	記号	金額	記号	金額
11	(　　)		(　　)	
	(　　)		(　　)	
	(　　)		(　　)	
	(　　)		(　　)	
12	(　　)		(　　)	
	(　　)		(　　)	
	(　　)		(　　)	
	(　　)		(　　)	
13	(　　)		(　　)	
	(　　)		(　　)	
	(　　)		(　　)	
	(　　)		(　　)	
14	(　　)		(　　)	
	(　　)		(　　)	
	(　　)		(　　)	
	(　　)		(　　)	
	(　　)		(　　)	

日商簿記3級予想問題　第6回　答案用紙　　3級 ③ 商業簿記

第2問（20点）

（1）

仮払法人税等

(　　)	([　　])	(　　)	3/31	([　　])	(　　)

未払法人税等

(　　)	([　　])	(　　)	4/1	([　　])	(　　)
3/31	([　　])	(　　)	3/31	([　　])	(　　)
		(　　)			(　　)

法人税等

3/31	([　　])	(　　)	3/31	([　　])	(　　)

損　益

3/31	仕入	3,650,000	3/31	売上	7,820,000
〃	その他費用	1,750,000	〃	受取手数料	180,000
〃	([　　])	(　　)			
〃	([　　])	(　　)			

第3問（35点）

精　算　表

勘定科目	試算表		修正記入		損益計算書		貸借対照表	
	借方	貸方	借方	貸方	借方	貸方	借方	貸方
現金	24,200							
当座預金	127,240							
売掛金	3,070,000							
繰越商品	105,000							
仮払消費税	91,000							
建物	800,000							
備品	300,000							
買掛金		90,000						
仮受消費税		168,000						
貸倒引当金		45,000						
建物減価償却累計額		368,000						
備品減価償却累計額		100,000						
資本金		3,200,000						
繰越利益剰余金		271,640						
売上		1,680,000						

日商簿記３級予想問題　第７回　答案用紙　　　３ 級 ① 商 業 簿 記

第１問（45点）

	借方		貸方	
	記号	金額	記号	金額
1	(　　)		(　　)	
	(　　)		(　　)	
	(　　)		(　　)	
	(　　)		(　　)	
2	(　　)		(　　)	
	(　　)		(　　)	
	(　　)		(　　)	
	(　　)		(　　)	
3	(　　)		(　　)	
	(　　)		(　　)	
	(　　)		(　　)	
	(　　)		(　　)	
4	(　　)		(　　)	
	(　　)		(　　)	
	(　　)		(　　)	
	(　　)		(　　)	
	(　　)		(　　)	
	(　　)		(　　)	

日商簿記３級予想問題　第７回　答案用紙　　　３ 級 ② 商 業 簿 記

	借方		貸方	
	記号	金額	記号	金額
11	(　　)		(　　)	
	(　　)		(　　)	
	(　　)		(　　)	
	(　　)		(　　)	
12	(　　)		(　　)	
	(　　)		(　　)	
	(　　)		(　　)	
	(　　)		(　　)	
13	(　　)		(　　)	
	(　　)		(　　)	
	(　　)		(　　)	
	(　　)		(　　)	
14	(　　)		(　　)	
	(　　)		(　　)	
	(　　)		(　　)	
	(　　)		(　　)	
	(　　)		(　　)	
	(　　)		(　　)	

日商簿記３級予想問題　第７回　答案用紙　　３　級　③　商　業　簿　記

第２問（20点）

（１）

（　［　　］　）

（　　）	（　［　　］　）	（　　　）	（　　）	（　［　　］　）	（　　　）
（　　）	（　［　　］　）	（　　　）	11/1	普通預金	（　　　）
			1/1	普通預金	（　　　）
		（　　　）			（　　　）

（　［　　］　）

（　　）	（　［　　］　）	（　　　）	4/1	前期繰越	（　　　）
（　　）	（　［　　］　）	（　　　）	（　　）	（　［　　］　）	（　　　）
		（　　　）			（　　　）

（２）

	借方		貸方	
	記号	金額	記号	金額
（１）	（　　）		（　　）	
	（　　）		（　　）	
	（　　）		（　　）	

第3問（35点）

貸借対照表

X3年3月31日　（単位：円）

現金		(　　)	買掛金	(　　)
普通預金		(　　)	借入金	(　　)
売掛金	(　　)		(　　)費用	(　　)
貸倒引当金	△(　　)	(　　)	(　　)法人税等	(　　)
商品		(　　)	資本金	(　　)
貯蔵品		(　　)	繰越利益剰余金	(　　)
未収入金		(　　)		
(　　)費用		(　　)		
建物	(　　)			
減価償却累計額	△(　　)	(　　)		
備品	(　　)			
減価償却累計額	△(　　)	(　　)		
土地		(　　)		
		(　　)		(　　)

日商簿記３級予想問題　第８回　答案用紙　　３ 級 ① 商 業 簿 記

第１問（45点）

	借　方		貸　方	
	記　号	金　額	記　号	金　額
1	（　）		（　）	
	（　）		（　）	
	（　）		（　）	
	（　）		（　）	
2	（　）		（　）	
	（　）		（　）	
	（　）		（　）	
	（　）		（　）	
3	（　）		（　）	
	（　）		（　）	
	（　）		（　）	
	（　）		（　）	
4	（　）		（　）	
	（　）		（　）	
	（　）		（　）	
	（　）		（　）	
	（　）		（　）	
	（　）		（　）	

日商簿記3級予想問題　第8回　答案用紙　　3 級 ② 商 業 簿 記

	借方		貸方	
	記号	金額	記号	金額
11	(　　)		(　　)	
	(　　)		(　　)	
	(　　)		(　　)	
	(　　)		(　　)	
12	(　　)		(　　)	
	(　　)		(　　)	
	(　　)		(　　)	
	(　　)		(　　)	
13	(　　)		(　　)	
	(　　)		(　　)	
	(　　)		(　　)	
	(　　)		(　　)	
14	(　　)		(　　)	
	(　　)		(　　)	
	(　　)		(　　)	
	(　　)		(　　)	
	(　　)		(　　)	
	(　　)		(　　)	

日商簿記３級予想問題　第８回　答案用紙　　３ 級 ③ 商 業 簿 記

第２問（20点）

（１）

	借方		貸方	
	記号	金額	記号	金額
４日	（　）		（　）	
	（　）		（　）	
	（　）		（　）	
６日	（　）		（　）	
	（　）		（　）	
	（　）		（　）	
14日	（　）		（　）	
	（　）		（　）	
	（　）		（　）	
23日	（　）		（　）	
	（　）		（　）	
	（　）		（　）	
31日	（　）		（　）	
	（　）		（　）	

第３問（35点）

決算整理後残高試算表

借方残高	勘定科目	貸方残高
	現金	
	普通預金	
	売掛金	
	繰越商品	
	（　　）地代	
	建物	
	土地	
	買掛金	
	借入金	
	（　　）利息	
	（　　）法人税等	
	（　　）消費税	
	貸倒引当金	
	建物減価償却累計額	
	資本金	
	繰越利益剰余金	

現金過不足で処理することにした。

ア．通信費　イ．当座預金　ウ．現金過不足
エ．現金　オ．雑損　カ．雑益

6．決算にあたり、関東銀行の当座預金口座が￥133,000の貸方残高となっているので、適切な勘定に振り替える。なお、当社では当座借越勘定を用いていない。

ア．当座預金　イ．当座借越　ウ．借入金
エ．未払金　オ．普通預金　カ．手形借入金

7．関東銀行から￥6,000,000を借り入れるとともに、同額の約束手形を振り出した。なお、同額は普通預金口座を通じて受け取った。

ア．当座預金　イ．普通預金　ウ．借入金
エ．手形借入金　オ．支払手形　カ．未払金

8．従業員からの出張申請にもとづき、旅費交通費の概算額￥85,000を現金で手渡した。

ア．現金　イ．仮払金　ウ．前払金
エ．旅費交通費　オ．立替金　カ．法定福利費

9．新規出店のため土地300㎡を1㎡あたり￥80,000で購入し、購入手数料￥220,000を含む代金の全額を後日支払うこととした。また、この土地の整地費用￥100,000を普通預金口座より支払った。

ア．普通預金　イ．土地　ウ．買掛金
エ．支払手数料　オ．未払金　カ．現金

油性ペン（10本入りケース）	50	1,500	¥ 75,000
	消費税		¥ 55,500
	合計		¥610,500

ア．買掛金　　イ．未払金　　ウ．仕入
エ．消耗品費　　オ．仮受消費税　　カ．仮払消費税

15．以下の納付書にもとづき、当社の普通預金口座から法人税を振り込んだ。

領　収　証　書

科目	法人税

本　税	850,000	納期等の区分　X20401　X30331　中間　(確定)
○○○税		
△△税		
□□税		
××税		
合計額	¥850,000	

住所	埼玉県さいたま市○○
氏名	株式会社さいたま商事

出納印
X3.5.20
関東銀行

ア．租税公課　　イ．仮払法人税等　　ウ．未払法人税等
エ．普通預金　　オ．当座預金　　カ．現金

				(　　　)				(　　　)

<u>備品減価償却累計額</u>

日	付		摘要	借方	日	付		摘要	貸方
X4	3	31	次期繰越	(　　　)	X3	4	1	前期繰越	(　　　)
					X4	3	31	減価償却費	(　　　)
				(　　　)					(　　　)

（２）

前橋商事株式会社は、日々の取引を入金伝票、出金伝票および振替伝票に記入して仕訳日計表を作成し、この仕訳日計表から総勘定元帳に転記している。同社のX1年10月１日の取引について作成された次の各伝票（略式）にもとづいて下記の問に答えなさい。

問１　答案用紙の仕訳日計表を作成し、総勘定元帳の現金勘定へ転記しなさい。

問２　10月１日現在の埼玉商店に対する売掛金残高を求めなさい。なお、９月30日現在の同店に対する売掛金残高は¥60,000であった。

入金伝票	No.101
売掛金(埼玉商店)	105,000

入金伝票	No.102
受取手数料	15,000

出金伝票	No.201
買掛金(山梨商店)	80,500

出金伝票	No.202
旅費交通費	27,000

振替伝票		No.301
売掛金(埼玉商店)	160,000	
売上		160,000

振替伝票		No.302
仕入	260,000	
買掛金(山梨商店)		260,000

	仮受消費税	645,000
	貸倒引当金	25,000
	建物減価償却累計額	750,000
	備品減価償却累計額	225,000
	資本金	5,500,000
	繰越利益剰余金	1,458,000
	売上	6,450,000
	受取利息	4,000
4,250,000	仕入	
1,340,000	給料	
154,000	通信費	
486,000	支払家賃	
87,000	租税公課	
15,309,000		15,309,000

償却を行う。

建物：残存価額ゼロ、耐用年数30年

備品：残存価額ゼロ、耐用年数５年

8．家賃のうち￥396,000は、当期の７月１日より改定となった家賃に対し１年分を前払いしたものである。よって、家賃の前払額を月割計上する。

9．法人税等￥37,650を計上する。

ア．未収入金　　イ．売上　　ウ．受取商品券
エ．クレジット売掛金　　オ．売掛金　　カ．受取手形

6．決算日、先月に借方に計上していた現金過不足￥40,000の原因を改めて調査した結果、旅費交通費￥60,000、受取手数料￥36,000の記入漏れが判明した。残額は原因が不明であったので、雑益または雑損として処理する。
ア．現金　　イ．受取手数料　　ウ．旅費交通費
エ．現金過不足　　オ．雑損　　カ．雑益

7．決算において当座預金勘定の残高が￥300,000（貸方）となっているが、これは全額が当座借越によるものであるため、適切な勘定へ振り替える。なお、当社は当座借越勘定を用いている。
ア．当座預金　　イ．当座借越　　ウ．借入金
エ．未払金　　オ．普通預金　　カ．手形借入金

8．東北銀行の普通預金口座から関東銀行の定期預金口座へ￥1,000,000を振り込みにより移動した。また、振込手数料として￥450が引き落とされた。なお、当社では資金管理のために口座ごとに銀行名を組み合わせた勘定科目を使用している。
ア．普通預金東北銀行　　イ．定期預金関東銀行　　ウ．支払手数料
エ．雑費　　オ．現金　　カ．当座預金

9．山形株式会社に￥800,000を貸し付け、同額の約束手形を受け取り、利息￥12,000を差し引いた残額を当社の普通預金口座から山形株式会社の当座預金口座に振り込んだ。
ア．普通預金　　イ．当座預金　　ウ．受取手形
エ．手形貸付金　　オ．現金　　カ．受取利息

10．出張中の従業員から￥200,000の送金小切手が会社宛てに送られてきたが、現時点ではその詳細は不明である。
ア．受取手形　　イ．当座預金　　ウ．仮受金
エ．仮払金　　オ．現金　　カ．現金過不足

14. 店舗として利用している建物の定期修繕を行い、代金￥750,000は今月末に支払うこととした。

ア. 建物　　イ. 買掛金　　ウ. 修繕費
エ. 未払金　　オ. 支払手形　　カ. 雑損

15. 事務用物品をインターネット注文で購入し、品物とともに次の領収書を受け取った。なお、代金は仮払金勘定で処理している。

領　収　書

株式会社盛岡商事　様

福島電器株式会社

品物	数量	単価	金額
キャビネット	5	165,000	￥825,000
配送料	—	—	￥　8,800
設置費用	5	10,800	￥ 54,000
	合計		￥887,800

収入印紙 200円 印

上記の合計額を領収いたしました。

ア. 備品　　イ. 買掛金　　ウ. 未払金
エ. 仮払金　　オ. 消耗品費　　カ. 租税公課

未　収　利　息

3/31	(　　　　)	(　　　　)	3/31	(　　　　)	(　　　　)
4/1	(　　　　)	(　　　　)			

（2）

次の取引にもとづいて、それぞれの日付の取引がどの補助簿に記入されるか、該当する補助簿の欄に○印を付して答えなさい。なお、該当する補助簿がない取引は「該当なし」の欄に○印を付すこと。

12日　販売先より受け取った約束手形￥200,000の支払期日が到来し、同額が普通預金口座へ振り込まれた。

15日　奈良株式会社に商品を販売し、代金のうち￥50,000は注文時に同社から受け取った手付金と相殺し、￥200,000は同社振出しの約束手形で受け取り、送料￥8,000を含めた残額￥350,000は掛けとした。なお、送料￥8,000は現金で支払った。

22日　先月に建物￥2,000,000を購入し、本日その引き渡しを受けた。なお、購入代金のうち￥800,000は契約時に前払金勘定で処理していた手付金を充当し、残額は小切手を振り出して支払った。

28日　神戸株式会社より商品￥650,000を仕入れ、代金のうち￥400,000は小切手を振り出して支払い、￥200,000は約束手形を振り出し、残額は掛けとした。

30日　仕入先である名古屋商事に対する買掛金￥400,000の支払いとして約束手形を振り出し、郵便書留にて郵送した。なお、当社負担の郵送料￥400は現金で支払った。

ア．現金過不足　　イ．旅費交通費　　ウ．現金
エ．雑益　　オ．雑損　　カ．普通預金

6．中国銀行と近畿銀行に当座預金口座を開設し、それぞれの当座預金に現金￥1,000,000を預け入れた。なお、当社では資金管理のために口座ごとに銀行名を組み合わせた勘定科目を使用している。
ア．当座預金近畿銀行　　イ．普通預金　　ウ．現金
エ．定期預金　　オ．資本金　　カ．当座預金中国銀行

7．用度係から、交通費￥1,200、通信費￥1,000および消耗品費￥800の小口現金の使用について報告を受けた。
ア．小口現金　　イ．現金　　ウ．旅費交通費
エ．消耗品費　　オ．通信費　　カ．当座預金

8．福島株式会社に資金￥3,000,000を貸し付けるため、同社振出しの約束手形を受け取り、同日中に当社の当座預金から福島株式会社の普通預金口座に同額を振り込んだ。なお、利息は返済時に受け取ることとしている。
ア．受取手形　　イ．普通預金　　ウ．手形貸付金
エ．受取利息　　オ．当座預金　　カ．手形借入金

9．出張の精算を行ったところ、事前に概算額で仮払いしていた￥35,000では足りず、不足額￥4,000を従業員が立替払いしていた。この不足額は次の給料支払時に従業員へ支払うため、未払金として計上した。
ア．未払金　　イ．仮払金　　ウ．給料
エ．仮受金　　オ．立替金　　カ．旅費交通費

10．事務用文房具一式を￥30,000で購入し、代金は後日支払うこととした。
ア．備品　　イ．消耗品費　　ウ．雑損
エ．買掛金　　オ．未払金　　カ．仮払金

¥250,000※

上記の金額をこの小切手と引替に
持参人へお支払いください。

振出日　X1年7月7日
振出地　神奈川県鎌倉市

鎌倉物産株式会社
振出人　代表取締役　豊島　潤平　㊞

約　束　手　形

収　入
印　紙
200円
㊞

株式会社静岡商事　殿

¥300,000※

支払期日　X1年8月31日
支払地　神奈川県鎌倉市
支払場所
神奈川銀行鎌倉支店

上記金額をあなたまたはあなたの指図人へこの約束手形と引替えに
お支払いいたします

振出地　神奈川県鎌倉市○○
振出人　鎌倉物産株式会社
代表取締役　豊島　潤平　㊞

ア．売上　　イ．当座預金　　ウ．現金
エ．仮払消費税　　オ．仮受消費税　　カ．受取手形

3/31	(　　)	(　　)	4/1	(　　)	5,000,000
			2/1	普通預金	(　　)
		(　　)			(　　)

繰越利益剰余金

6/25	諸口	120,000	4/1	(　　)	200,000
3/31	(　　)	(　　)	3/31	(　　)	(　　)
		(　　)			(　　)

（2）

3伝票制を採用している当社の伝票記入について、適切な勘定科目、語句または金額を答案用紙に記入しなさい。勘定科目、語句は下記の中から選び、記号で選択すること。なお、全額を掛取引として起票する方法と取引を分解して起票する方法のいずれを採用しているかについては、各伝票の記入から各自判断すること。

ア．出金　イ．入金　ウ．振替　エ．売掛金　オ．買掛金　カ．現金　キ．仕入　ク．売上

問1　商品を¥500,000で仕入れ、代金のうち¥200,000については現金で支払い、残額は掛けとした。

（　　）伝　票	
科　目	金　額
仕　入	(　　)

（　　）伝　票			
借方科目	金　額	貸方科目	金　額
(　　)	(　　)	(　　)	(　　)

問2　商品を¥850,000で売り上げ、代金のうち¥250,000については現金で受け取り、残額は掛けとした。

（　　）伝　票	
科　目	金　額
(　　)	(　　)

（　　）伝　票			
借方科目	金　額	貸方科目	金　額
(　　)	(　　)	(　　)	850,000

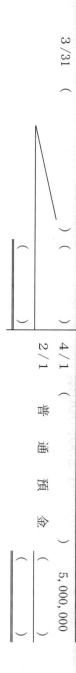

	建物減価償却累計額	1,800,000
	備品減価償却累計額	1,080,000
	資本金	7,000,000
	繰越利益剰余金	954,500
	売上	11,500,000
	受取利息	12,250
3,850,000	仕入	
5,600,000	給料	
336,000	旅費交通費	
272,000	支払家賃	
285,000	固定資産売却損	
26,506,750		26,506,750

5．期末商品棚卸高は￥350,000である。

6．有形固定資産について、次の要領で定額法により減価償却を行う。

建物：残存価額ゼロ、耐用年数30年

備品：残存価額ゼロ、耐用年数5年

7．家賃は毎期同額を8月1日に向こう1年分を支払っている。

8．定期預金は、12月1日に1年満期（利率年1.825%）で預け入れたものである。すでに経過した121日分の利息を未収計上する。なお、利息は1年を365日とする日割計算によること。

9．当期の法人税等の金額は￥390,000であった。仮払法人税等との差額は未払法人税等として計上する。

6．決算において、現金の手許有高を調べたところ、帳簿残高は￥225,000であるのに対して、実際有高は￥195,500であった。原因を調査した結果、旅費交通費￥5,500、支払手数料￥8,200、および受取手数料￥1,800の記入漏れが判明した。なお、残りの金額は原因が不明であるため、適切な処理を行う。

ア．雑損　　イ．旅費交通費　　ウ．雑益
エ．支払手数料　　オ．受取手数料　　カ．現金

7．熊本株式会社に対する１か月分の売上を集計して次の請求書の原本を発送した。なお、熊本株式会社に対する売上は商品発送時ではなく１か月分をまとめて仕訳を行うこととしているため、適切に処理を行う。

請求書（控）

熊本株式会社　御中

株式会社大分商事

品物	数量	単価	金額
味噌ラーメン（真空パック）	100	150	￥ 15,000
醤油ラーメン（真空パック）	60	120	￥ 7,200
とんこつラーメン（真空パック）	120	200	￥ 24,000
	合計		￥ 46,200

X8年11月30日までに合計額を下記口座へお振込み下さい。
南日本銀行大分駅前支店　当座　1175963　カ）オオイタシヨウジ

ア．売上　　イ．未収入金　　ウ．消耗品費
エ．売掛金　　オ．当座預金　　カ．普通預金

株主配当金：￥300,000
利益準備金の積立て：￥30,000

ア．繰越利益剰余金　　イ．損益　　ウ．利益準備金
エ．未払配当金　　オ．未払金　　カ．資本金

14. 広告宣伝費￥135,000を普通預金口座から支払った。また、振込手数料として￥350が同口座から引き落とされた。

ア．現金　　イ．支払利息　　ウ．支払手数料
エ．普通預金　　オ．広告宣伝費　　カ．当座預金

15. 当社販売店における5月20日の売上は次の通りであった。なお、合計額のうち￥428,000はクレジットカード、残りは現金による決済であった。なお、消費税は税抜方式で記帳している。

売上集計表

×1年5月20日

品　物	数量	単価	金額
ビジネススーツ	12	39,000	￥ 468,000
ビジネスリュック	15	6,800	￥ 102,000
ビジネスシューズ	10	4,800	￥ 48,000
	消費税		￥ 61,800
	合計		￥ 679,800

ア．電子記録債権　　イ．クレジット売掛金　　ウ．仮受消費税
エ．売上　　オ．現金　　カ．仮払消費税

X1年6月1日

当座勘定照合表

株式会社千葉産業　様

北関東銀行千葉支店

取引日	摘要	お支払金額	お預り金額	取引残高
5.10	小切手引落（No. 125）	550,000		省略
5.10	手形引落（No. 250）	320,000		
5.20	融資ご返済	1,000,000		
5.20	融資お利息	12,500		
5.28	お振込　船橋物産	350,000		
5.28	お振込手数料	250		

入出金明細

日付	内容	出金金額	入金金額	取引残高
5.25	給与振込	822,450		省略
5.25	振込手数料	450		
5.30	振込　イチカワコウサン（カ		624,650	

5月25日の給与振込額は、所得税の源泉徴収額￥70,000、および社会保険料￥90,000を差し引いている。

5月30日の入金は、当社負担の振込手数料￥350が差し引かれたものである。

	貸倒引当金	35,000
	建物減価償却累計額	2,200,000
	備品減価償却累計額	675,000
	資本金	8,000,000
	繰越利益剰余金	1,303,600
	売上	8,756,000
	受取地代	312,000
4,215,000	仕入	
1,213,500	給料	
511,000	通信費	
222,000	保険料	
25,734,100		25,734,100

倒引当金を差額補充法により設定する。

6．期末商品棚卸高は¥250,000である。

7．建物および備品について定額法によって減価償却を行う。なお、当期中に取得した備品については月割りで減価償却費を計上する。

建　物　残存価額：ゼロ　耐用年数　40年

備　品　残存価額：ゼロ　耐用年数　４年

8．保険料のうち¥180,000は、当期の７月１日に支払った１年分の保険料である。よって、未経過高を月割計算により計上する。

9．借入金に関する利息未払高を月割計算により計上する。なお、借入期間は×3年１月１日から×3年12月31日（利払日）であり、利率は年0.75%である。

10．受取地代は偶数月の月末にむこう２か月分として¥48,000を受け取っている。

エ．当座預金　　オ．役員貸付金　　カ．普通預金

6．店舗来客者の駐車場として使用している土地の本月分賃借料￥80,000が、当座預金口座から引き落とされた。

ア．支払手数料　　イ．普通預金　　ウ．土地

エ．支払地代　　オ．当座預金　　カ．雑損

7．商品を売り上げ、品物とともに次の納品書兼請求書の原本を発送し、代金は掛けとした。

納品書兼請求書（控）

鳥取株式会社　御中

株式会社松江商事

品物	数量	単価	金額
出雲そば	100	500	￥ 50,000
かまぼこ	50	600	￥ 30,000
お茶	30	550	￥ 16,500
	合計		￥ 96,500

X1年９月30日までに合計額を下記口座へお振込み下さい。

島根銀行松江支店　当座　5963117　カ）マツエシヨウジ

ア．仕入　　イ．売掛金　　ウ．売上

エ．現金　　オ．買掛金　　カ．未収入金

ア．当座預金　　イ．普通預金　　ウ．支払手数料
エ．現金　　オ．雑損　　カ．諸会費

14．従業員に対する給料￥840,000を、所得税の源泉徴収分￥60,000、住民税の源泉徴収分￥40,000、および健康保険・厚生年金・雇用保険の社会保険料合計￥74,000を控除し、各従業員の指定する銀行口座へ普通預金口座を通じて支給した。

ア．社会保険料預り金　　イ．給料　　ウ．所得税預り金
エ．普通預金　　オ．住民税預り金　　カ．当座預金

15．新店舗の賃借契約を行い、下記の振込依頼書どおりに普通預金口座を通じて振り込み、賃借を開始した。

振込依頼書

株式会社高松商事　御中

株式会社香川不動産

ご契約ありがとうございます。下記金額のお振込みをお願いします。

内容	金額
仲介手数料	￥　50,000
敷金	￥600,000
初月賃料	￥100,000
合計	￥750,000

四国銀行香川駅前支店　当座　1717234　カ）カガワフドウサン

ア．支払手数料　　イ．支払家賃　　ウ．当座預金
エ．建物　　オ．差入保証金　　カ．普通預金

		神戸商店			
12/1	(　　　　)	(　　　　)	12/6	返品	(　　　　)
5	売上げ	450,000	12	現金受取り	(　　　　)
			31	(　　　　)	410,000
		700,000			700,000

（2）

次の文章の（　①　）から（　④　）にあてはまる最も適当と思われるものを選び、記号で選択しなさい。

1．建物の修繕により価値が増加、または使用可能期間を延長させるための支出を（　①　）という。

ア．収益的支出　イ．残存価格　ウ．経済的支出　エ．資本的支出　オ．減価償却費

2．当社が振り出した約束手形について、支払期日に決済された場合、このことを支払手形記入帳の（　②　）に記入する。

ア．手形番号　イ．日付　ウ．支払場所　エ．手形金額　オ．てん末

3．（　③　）とは、特定の取引に関しその種類ごとに明細を記録するための帳簿であり、現金出納帳、売上帳、受取手形記入帳などがある。

ア．総勘定元帳　イ．貸借対照表　ウ．補助記入帳　エ．補助元帳　オ．精算表

4．繰越利益剰余金を財源として株主に配当を行った場合、会社法で規定されている上限額に達するまで一定額を（　④　）として積み立てる必要がある。

ア．資本金　イ．繰越利益剰余金　ウ．現金　エ．資本準備金　オ．利益準備金

	備品減価償却累計額	311,999
	資本金	3,300,000
	繰越利益剰余金	147,681
	売上	8,142,000
	受取利息	36,000
5,200,000	仕入	
1,760,000	給料	
250,000	旅費交通費	
160,000	法定福利費	
48,000	支払手数料	
120,000	租税公課	
13,218,000		13,218,000

ち￥200,000は昨年度にすでに耐用年数をむかえて減価償却を終了している。そこで、今年度は備品に関して残りの￥280,000についてのみ減価償却を行う。

6．社会保険料の当社負担分￥22,000を未払い計上する。

7．貸付金は当期の12月1日に期間1年、利率年3％で貸し付けたものであり、貸付時にすべての利息が差し引かれた金額を引き渡している。そこで、利息について月割により適切に処理する。

8．当期の法人税等の金額は￥145,000であった。仮払法人税等との差額は未払法人税等として計上する。

6．先週末に受け取った得意先神戸商店振出しの小切手￥275,000を当座預金に預け入れた。なお、当座預金出納帳の貸方残高は￥150,000であり、取引銀行とのあいだに借越限度額￥2,000,000の当座借越契約が結ばれている。

ア．当座預金	イ．当座借越	ウ．借入金
エ．現金	オ．普通預金	カ．受取手形

7．小口現金係から、バス代￥780、切手代￥3,000および事務用品代￥560の小口現金の使用について報告を受け、同額の小切手を振り出して補給した。なお、当社では定額資金前渡制度（インプレスト・システム）により、小口現金係から毎週月曜日に前週の支払報告を受け、これにもとづいて資金を補給している。

ア．消耗品費	イ．現金	ウ．旅費交通費
エ．貯蔵品	オ．通信費	カ．当座預金

8．借入金（元金均等返済）の今月返済分の元本￥300,000および利息（各自計算）が当座預金口座から引き落とされた。なお、利息の引落額は未返済の元本￥1,500,000に利率年3.65%を適用し、30日分の日割計算（1年を365日とする）した額である。

ア．当座預金	イ．普通預金	ウ．借入金
エ．支払利息	オ．未払利息	カ．支払手数料

9．得意先である水戸株式会社に期間9か月、年利率2%で￥1,000,000を貸し付けるとともに同社振出しの約束手形を受け取っていたが、本日満期日のため利息とともに同社振出しの小切手で返済を受けたので、ただちに当座預金に預け入れた。

ア．当座預金	イ．普通預金	ウ．貸付金
エ．受取利息	オ．手形貸付金	カ．受取手数料

10．前期末の決算においてはがき（@￥63）が150枚と、収入印紙の￥16,800が未使用のまま残っていることが判明し適切な勘定に振り替えているため、当期首において再振替仕訳を行う。

ア．通信費	イ．租税公課	ウ．雑損
エ．貯蔵品	オ．損益	カ．未払法人税等

領収書
宿泊費 1名 ¥6,500
この度はありがとうございました。
大月旅館

大月旅館	宿泊	有	6,500
帰社	電車	無	1,250
	合計		¥12,800

ア．旅費交通費　イ．雑損　ウ．仮受金
エ．仮払金　オ．現金　カ．現金過不足

法　人　税　等

3/31	(　　　　)	(　　　　)	3/31	(　　　　)	(　　　　)

損　　　　益

3/31	仕入	3,650,000	3/31	売上	7,820,000
〃	その他費用	1,750,000	〃	受取手数料	180,000
〃	(　　　　)	(　　　　)			
〃	(　　　　)	(　　　　)			
		(　　　　)			(　　　　)

(2)

次の文章の(　①　)から(　④　)にあてはまる最も適当と思われるものを選び、記号で選択しなさい。

1. 貸借平均の原理にもとづき、総勘定元帳への転記の正確性の確認や、決算手続きを円滑に行う目的で作成する表を(　①　)という。

　ア. 試算表　イ. 貸借対照表　ウ. 損益計算書　エ. 補助記入帳　オ. 補助元帳

2. (　②　)とは、株主が資金を出資し、会社の経営は経営の専門家である取締役が行う仕組みである。

　ア. 株主総会　イ. 取締役会　ウ. 監査役会　エ. 株主有限責任の原則　オ. 所有と経営の分離

3. 買掛金元帳とは、仕入先ごとの買掛金の増減を記録する(　③　)である。

　ア. 総勘定元帳　イ. 主要簿　ウ. 補助記入帳　エ. 補助元帳　オ. 仕訳帳

4. 貸倒引当金は売掛金勘定の(　④　)勘定であるため、売掛金から控除して貸借対照表に表示する。

　ア. 統制　イ. 照合　ウ. 評価　エ. 対照　オ. 負債性

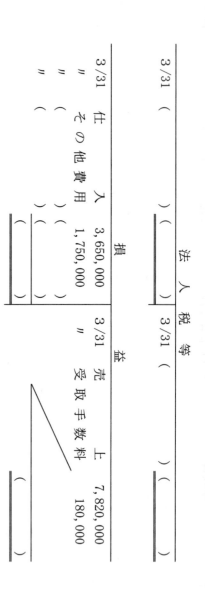

６．当期首において、当座借越勘定の残高￥400,000の再振替仕訳を行った。

ア．借入金　　イ．仮受金　　ウ．当座借越
エ．当座預金　　オ．未払金　　カ．未収入金

７．かねて手形を受け取って貸し付けていた￥500,000の返済期日をむかえ、同額が当座預金口座を通じて振り込まれるとともに、手形を返却した。

ア．普通預金　　イ．受取手形　　ウ．当座預金
エ．手形貸付金　　オ．電子記録債権　　カ．立替金

８．当社の代表取締役から年利率１％、期間１年の条件で￥30,000,000を借り入れた。なお、利息は借入時に計上し、利息を差し引いた残額が当社の普通預金口座に振り込まれた。なお、勘定科目は借入金勘定ではなく、役員からの借入れであることを明示する勘定を用いることとした。

ア．当座預金　　イ．普通預金　　ウ．役員借入金
エ．支払利息　　オ．借入金　　カ．支払手数料

９．新店舗建設目的で購入した土地について建設会社に依頼していた整地作業が完了し、その代金￥250,000を普通預金口座から振り込んだ。

ア．当座預金　　イ．普通預金　　ウ．建物
エ．支払利息　　オ．支払手数料　　カ．土地

10．建物および土地の固定資産税￥600,000の納付書を受け取り、現金で納付した。なお、当社では固定資産税の納税通知書を受け取った時点で全額を未払金として処理している。

ア．未払消費税　　イ．現金　　ウ．未払金
エ．支払手数料　　オ．租税公課　　カ．損益

された。

ア．普通預金　　イ．支払利息　　ウ．減価償却費
エ．支払手数料　　オ．保管費　　カ．当座預金

15. 以下の納付書にもとづき、当社の普通預金口座から法人税を振り込んだ。

領　収　証　書

科目	法人税

本　　税	400,000	納期等　X20401 の区分　X30331 (中間)　確定
○○○税		
△　△　税		
□□税		
××税		
合計額	¥400,000	

住所	東京都甲府市○○
氏名	株式会社甲府物産

出納印
X2. 11. 20
関東銀行

ア．普通預金　　イ．当座預金　　ウ．仮払法人税等
エ．未払法人税等　　オ．法人税、住民税及び事業税　　カ．租税公課

水戸農機株式会社と株式会社横浜商事は主たる営業活動として耕作機械の販売を行っており、それぞれ商品発送時に売上、商品受取時に仕入を計上している。そこで、以下の証ひょうにもとづき、問に答えなさい。

納品書 兼 請求書

株式会社横浜商事　御中

水戸農機株式会社

商品	数量	単価	金額
大型耕運機	2	200,000	400,000
小型耕運機	1	50,000	50,000
	合計		¥450,000

振込期限：10月31日

振　込　先：茨城銀行南水戸支店

普通　2334455　ミトノウキ（カ

当座勘定照合表（抜粋）

株式会社横浜商事　様

関東銀行鎌倉支店

取引日	摘要	支払金額
10.31	お振込ミトノウキ（カ	450,000
10.31	お振込手数料	450

問　下記の取引時の仕訳を答案用紙に記入しなさい。なお、勘定科目は下記の中から選び、記号で選択すること。

ア．現金　イ．普通預金　ウ．当座預金　エ．売掛金　オ．買掛金　カ．売上　キ．受取手数料　ク．仕入　ケ．支払手数料　コ．発送費

（1）商品発送時の水戸農機の仕訳

（2）商品受取時の横浜商事の仕訳

（3）販売代金の振り込みを受けたときの水戸農機の仕訳

（4）購入代金を振り込んだときの横浜商事の仕訳

	備品減価償却累計額	364,000
	資本金	1,170,000
	繰越利益剰余金	533,000
	売上	8,450,000
5,528,000	仕入	
835,000	給料	
360,000	支払家賃	
36,500	租税公課	
280,000	保険料	
36,000	支払利息	
14,590,000		14,590,000

関しては考慮済みの金額である。

7．建物および備品について次のとおり定額法で減価償却を行う。

建物：残存価額ゼロ、耐用年数20年

備品：残存価額ゼロ、耐用年数５年

8．借入金は当期の２月１日に借入期間１年、利率年３％で借り入れたものであり、借入時に１年分の利息が差し引かれた金額を受け取っている。そこで、利息の前払分を月割により計上する。

9．給料の未払分が￥45,000ある。

10．法人税等￥450,000を計上する。

6．銀行から¥1,000,000を借り入れるとともに同額の約束手形を振り出していたが、本日決済日となり、借入期間の元利合計につき当座預金口座を通じて支払った。なお、借入期間は６か月間、年利率は２％であり、利息は月割計算する。

ア．手形借入金　　イ．支払手形　　ウ．支払利息
エ．当座預金　　オ．手形貸付金　　カ．受取利息

7．郵便切手¥3,000と収入印紙¥7,500を購入し、代金は現金で支払った。なお、これらはすぐに使用した。

ア．租税公課　　イ．未払金　　ウ．消耗品費
エ．現金　　オ．貯蔵品　　カ．通信費

8．決算にあたり消費税の納付額を計算し、これを確定した。なお、当期における消費税の仮払分は¥120,000、仮受分は¥200,000であった。

ア．仮払消費税　　イ．未払消費税　　ウ．未払法人税等
エ．租税公課　　オ．仮受消費税　　カ．損益

9．期中において中間申告を行い、法人税¥150,000、住民税¥98,000および事業税¥34,000につき普通預金口座を通じて納付した。

ア．仮払金　　イ．前払金　　ウ．仮払法人税等
エ．当座預金　　オ．普通預金　　カ．租税公課

10．従業員が立て替えた諸経費は次のとおりであった。そこで、来月の給料に含めて従業員へ支払うこととし、未払金として処理した。

電車代¥12,400　　タクシー代¥6,200　　事務用品¥2,200

ア．旅費交通費　　イ．従業員立替金　　ウ．消耗品費
エ．当座預金　　オ．未払金　　カ．現金

住所	静岡県伊東市○○	□□税	
		××税	
氏名	株式会社伊東運送	合計額	¥320,000

出納印
X3. 5. 20
関東銀行

ア．仮払消費税　　イ．未払法人税等　　ウ．仮受消費税
エ．未払消費税　　オ．当座預金　　カ．普通預金

買掛金元帳

広島物産

X1年		摘要	借方	貸方	残高
10	1	前月繰越		450,000	450,000
	4	仕入		255,000	705,000
	23	返品商品の代金	(　　)		605,000

（2）

次の9月中の取引にもとづいて、下記の問に答えなさい。ただし、摘要欄は、各取引の下の語句の中から最も適当と思われるものを選び、記号で選択すること。なお、日付欄は採点除外とする。

ア．前月繰越　イ．次月繰越　ウ．売上　エ．仕入　オ．売上戻り

9月7日　A商品50個を＠￥420で仕入れた。

10日　A商品140個を＠￥600で販売した。

13日　10日に売り上げたA商品のうち40個が返品された。

20日　A商品25個を＠￥380で仕入れた。

問1　答案用紙の商品有高帳（A商品）を作成しなさい。なお、記帳方法は移動平均法により記帳しており、商品の返品に関しては受入欄に記入している。

問2　移動平均法により記帳した場合の売上高、売上原価、売上総利益を答えなさい。

	貸倒引当金	8,000
	建物減価償却累計額	1,462,500
	資本金	1,500,000
	繰越利益剰余金	330,000
	売上	4,850,000
	受取手数料	25,300
2,200,000	仕入	
1,780,000	給料	
450,000	支払地代	
110,000	支払手数料	
8,000	支払利息	
9,763,700		9,763,700

7．借入金は×2年7月1日に借入期間1年、利率年2％で借り入れたもので、利息は12月末日と返済日に6か月分をそれぞれ支払うことになっている。なお、利息の計算は月割による。

8．当期より支払っている支払地代は×3年2月1日に向こう6か月分を支払っているので、前払分を月割により計上する。

9．当期の法人税等の金額は￥220,000であった。仮払法人税等との差額は未払法人税等として計上する。

	(　　)		(　　)	
6	(　　)		(　　)	
	(　　)		(　　)	
	(　　)		(　　)	
	(　　)		(　　)	
7	(　　)		(　　)	
	(　　)		(　　)	
	(　　)		(　　)	
	(　　)		(　　)	
8	(　　)		(　　)	
	(　　)		(　　)	
	(　　)		(　　)	
	(　　)		(　　)	
9	(　　)		(　　)	
	(　　)		(　　)	
	(　　)		(　　)	
	(　　)		(　　)	

15	(　　)		(　　)	
	(　　)		(　　)	
	(　　)		(　　)	
	(　　)		(　　)	
	(　　)		(　　)	

			( )					( )	

（2）

問1

仕訳日計表

X1年10月1日

借方	勘定科目	貸方
	現金	
	売掛金	
	買掛金	
	売上	
	受取手数料	
	仕入	
	旅費交通費	

現金

10/1	前月繰越	210,000	10/1	仕訳日計表	( )
〃	仕訳日計表	( )			

問2 埼玉商店に対する売掛金残高 ¥ [ ]

売上原価	(　　　)	売上高	6,450,000
給料	(　　　)	受取利息	4,000
通信費	(　　　)	貸倒引当金(　　)	(　　　)
支払家賃	(　　　)		
租税公課	(　　　)		
減価償却費	(　　　)		
雑損	(　　　)		
法人税等	(　　　)		
当期純(　　)	(　　　)		
	(　　　)		(　　　)

	(　　)		(　　)	
6	(　　)		(　　)	
	(　　)		(　　)	
	(　　)		(　　)	
	(　　)		(　　)	
7	(　　)		(　　)	
	(　　)		(　　)	
	(　　)		(　　)	
	(　　)		(　　)	
8	(　　)		(　　)	
	(　　)		(　　)	
	(　　)		(　　)	
	(　　)		(　　)	
9	(　　)		(　　)	
	(　　)		(　　)	
	(　　)		(　　)	
	(　　)		(　　)	
10	(　　)		(　　)	
	(　　)		(　　)	
	(　　)		(　　)	
	(　　)		(　　)	

22日											
28日											
30日											

売　　　上		3,900,000						
受　取　利　息		24,000						
仕　　　入	1,920,000							
給　　　料	672,000							
保　険　料	126,000							
支　払　手　数　料	91,000							
	9,616,200	9,616,200						
貸倒引当金繰入								
減　価　償　却　費								
雑　（　　）								
（　　）保　険　料								
（　　）利　息								
当　期　純（　　）								

	(　　)		(　　)	
6	(　　)		(　　)	
	(　　)		(　　)	
	(　　)		(　　)	
	(　　)		(　　)	
7	(　　)		(　　)	
	(　　)		(　　)	
	(　　)		(　　)	
	(　　)		(　　)	
8	(　　)		(　　)	
	(　　)		(　　)	
	(　　)		(　　)	
	(　　)		(　　)	
9	(　　)		(　　)	
	(　　)		(　　)	
	(　　)		(　　)	
	(　　)		(　　)	
10	(　　)		(　　)	
	(　　)		(　　)	
	(　　)		(　　)	
	(　　)		(　　)	

	(　　) (　　)		(　　) (　　)	

( )	( )

(2)

問1

([ ]) 伝 票	
科 目	金 額
仕 入	( )

([ ]) 伝 票			
借方科目	金 額	貸方科目	金 額
([ ])	( )	([ ])	( )

問2

([ ]) 伝 票	
科 目	金 額
([ ])	( )

([ ]) 伝 票			
借方科目	金 額	貸方科目	金 額
([ ])	( )	([ ])	850,000

X2年4月1日からX3年3月31日まで　(単位：円)

売上原価	(　　)	売上高	11,500,000
給料	(　　)	受取利息	(　　)
旅費交通費	(　　)	貸倒引当金(　　)	(　　)
支払家賃	(　　)	固定資産売却益	(　　)
減価償却費	(　　)		
法人税等	(　　)		
当期純(　　)	(　　)		
	(　　)		(　　)

	(　　)		(　　)	
	(　　)		(　　)	
6	(　　)		(　　)	
	(　　)		(　　)	
	(　　)		(　　)	
	(　　)		(　　)	
7	(　　)		(　　)	
	(　　)		(　　)	
	(　　)		(　　)	
	(　　)		(　　)	

	(　　)		(　　)	
	(　　)		(　　)	
13	(　　)		(　　)	
	(　　)		(　　)	
	(　　)		(　　)	
	(　　)		(　　)	
14	(　　)		(　　)	
	(　　)		(　　)	
	(　　)		(　　)	
	(　　)		(　　)	
15	(　　)		(　　)	
	(　　)		(　　)	
	(　　)		(　　)	
	(　　)		(　　)	

5.25	(　　)		(　　)	
	(　　)		(　　)	
	(　　)		(　　)	
5.28	(　　)		(　　)	
	(　　)		(　　)	
	(　　)		(　　)	
	(　　)		(　　)	
5.30	(　　)		(　　)	
	(　　)		(　　)	
	(　　)		(　　)	
	(　　)		(　　)	

	建物減価償却累計額	
	備品減価償却累計額	
	資本金	
	繰越利益剰余金	
	売上	
	受取地代	
	仕入	
	給料	
	通信費	
	保険料	
	貸倒引当金繰入	
	減価償却費	
	支払利息	
	雑損	

	(　　)		(　　)	
	(　　)		(　　)	
6	(　　)		(　　)	
	(　　)		(　　)	
	(　　)		(　　)	
	(　　)		(　　)	
7	(　　)		(　　)	
	(　　)		(　　)	
	(　　)		(　　)	
	(　　)		(　　)	

	(　　)		(　　)	
	(　　)		(　　)	
13	(　　)		(　　)	
	(　　)		(　　)	
	(　　)		(　　)	
	(　　)		(　　)	
14	(　　)		(　　)	
	(　　)		(　　)	
	(　　)		(　　)	
	(　　)		(　　)	
15	(　　)		(　　)	
	(　　)		(　　)	
	(　　)		(　　)	
	(　　)		(　　)	

神　戸　商　店

12/1	([ ])	( )	12/6	返　品	( )
5	売上げ	450,000	12	現金受取り	( )
			31	([ ])	410,000
		700,000			700,000

（2）

①	②	③	④

旅費交通費	(　　　　)	償却債権取立益	(　　　　)
法定福利費	(　　　　)		
支払手数料	(　　　　)		
租税公課	(　　　　)		
貸倒引当金繰入	(　　　　)		
減価償却費	(　　　　)		
法人税等	(　　　　)		
当期純利益	(　　　　)		
	(　　　　)		(　　　　)

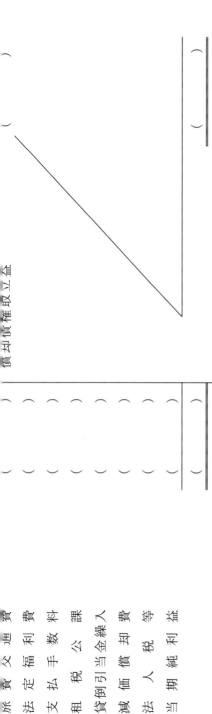

	(　　)		(　　)	
	(　　)		(　　)	
6	(　　)		(　　)	
	(　　)		(　　)	
	(　　)		(　　)	
	(　　)		(　　)	
7	(　　)		(　　)	
	(　　)		(　　)	
	(　　)		(　　)	
	(　　)		(　　)	
8	(　　)		(　　)	
	(　　)		(　　)	
	(　　)		(　　)	
	(　　)		(　　)	
9	(　　)		(　　)	
	(　　)		(　　)	
	(　　)		(　　)	
	(　　)		(　　)	
10	(　　)		(　　)	
	(　　)		(　　)	
	(　　)		(　　)	
	(　　)		(　　)	

	(　　　)		(　　　)	
	(　　　)		(　　　)	

(　　)　　(　　)

（2）

①	②	③	④

仕入	910,000							
給料	300,000							
通信費	157,200							
保険料	60,000							
	5,944,640	5,944,640						
売上原価								
貸倒引当金繰入								
減価償却費								
貸倒損失								
雑損								
貯蔵品								
(　　)手数料								
(　　)保険料								
(　　)給料								
(　　)消費税								
当期純(　　)								

	(　　)		(　　)	
	(　　)		(　　)	
6	(　　)		(　　)	
	(　　)		(　　)	
	(　　)		(　　)	
	(　　)		(　　)	
7	(　　)		(　　)	
	(　　)		(　　)	
	(　　)		(　　)	
	(　　)		(　　)	
8	(　　)		(　　)	
	(　　)		(　　)	
	(　　)		(　　)	
	(　　)		(　　)	
9	(　　)		(　　)	
	(　　)		(　　)	
	(　　)		(　　)	
	(　　)		(　　)	
10	(　　)		(　　)	
	(　　)		(　　)	
	(　　)		(　　)	
	(　　)		(　　)	

	(　　)		(　　)	
	(　　)		(　　)	

	(　　)		(　　)	
(2)	(　　)		(　　)	
	(　　)		(　　)	
	(　　)		(　　)	
	(　　)		(　　)	
(3)	(　　)		(　　)	
	(　　)		(　　)	
	(　　)		(　　)	
	(　　)		(　　)	
(4)	(　　)		(　　)	
	(　　)		(　　)	
	(　　)		(　　)	
	(　　)		(　　)	

損　益　計　算　書

X2年4月1日からX3年3月31日まで　　　　(単位：円)

売上原価	(　　　)	売上高	(　　　)
給料	(　　　)	固定資産売却益	(　　　)
支払家賃	(　　　)		
租税公課	(　　　)		
保険料	(　　　)		
貸倒引当金繰入	(　　　)		
減価償却費	(　　　)		
支払利息	(　　　)		
法人税等	(　　　)		
当期純利益	(　　　)		
	(　　　)		(　　　)

	(　　)		(　　)	
	(　　)		(　　)	
6	(　　)		(　　)	
	(　　)		(　　)	
	(　　)		(　　)	
	(　　)		(　　)	
7	(　　)		(　　)	
	(　　)		(　　)	
	(　　)		(　　)	
	(　　)		(　　)	
8	(　　)		(　　)	
	(　　)		(　　)	
	(　　)		(　　)	
	(　　)		(　　)	
9	(　　)		(　　)	
	(　　)		(　　)	
	(　　)		(　　)	
	(　　)		(　　)	
10	(　　)		(　　)	
	(　　)		(　　)	
	(　　)		(　　)	

	(　　)		(　　)	
	(　　)		(　　)	

（2）

問1

商品有高帳

A　品　　　　(移動平均法)

×2年		摘要	受入 数量	受入 単価	受入 金額	払出 数量	払出 単価	払出 金額	残高 数量	残高 単価	残高 金額
9	1	前月繰越	150	400	60,000				150	400	60,000
		([ ])									
		([ ])									
		([ ])									
		([ ])									
		([ ])									

問2

売上高	¥
売上原価	¥
売上総利益	¥

	売上	
	受取手数料	
	雑益	
	貸倒引当金戻入	
	仕入	
	給料	
	支払地代	
	支払手数料	
	減価償却費	
	支払利息	
	法人税、住民税及び事業税	